中外文稀有版本文献

《工资、价格和利润》

④

工资价格
及利润

【德】卡尔·马克思◎著
朱应祺 朱应会◎译

中央编译出版社
CCTP Central Compilation & Translation Press

《工资、价格和利润》的出版与传播

（代序）

一　国外主要版本和传播情况

《工资、价格和利润》最初是马克思于1865年6月20日和27日在国际工人协会中央委员会会议上用英语作的报告。目前保存下来的报告稿是马克思的手稿，没有标题，开头写有："1865年6月20日星期二向中央委员会宣读"，全文由作者分为十四节。1898年，报告由马克思的女儿爱琳娜·马克思-艾威林以《工资、价格和利润》为标题在伦敦发表，并附有爱琳娜的丈夫爱德华·艾威林写的序言。在序言中，他将这部著作称为《资本论》第1卷的浓缩版，并且当时该文的德文版翻译已经完成。其中，引言和前六节在手稿中没有标题，出版时所用的标题是由爱琳娜加上的。

自1859年马克思的第一部经济学研究著作《政治经济学批判》发表以来，马克思虽然潜心进行经济学研究多年，写下了大量的经济学研究手稿，其中包括《1857—1858年经济学手稿》《1863—1864年经济学手稿》等大量内容丰富的经济学研究成果，并且持续进行《资本论》的创作，但是在1859年之后，马克思并没有公开发表其经济学研究成果。而且即使在演讲之后，为了避免与即将出版的《资本论》重复，虽然有人建议马克思发表演讲稿，但在马克思有生之年并没有发表这篇讲稿。所以，1865年的演讲，马克思公开地、简明地宣讲自己的经济学研究成果，是公众得以一窥马克思经济学思想的一个难得机会。《工资、价格和利润》的首次发表是在马克思去世之后，也是在《资本论》第1卷出版之后，但是这篇报告的发表，一方面让读者，特别是普通百姓通过通俗易懂的形式了解马克思的经济学思想，具有大众传播的意义；另一方面，这篇演讲稿是马克思经济学研究进程中的一个过程，还没有达到《资本论》的成熟程度，马克思的经济学思想还在进步中，所以这篇演讲稿也是理解马克思经济学思想形成史的一个活的里程碑，通过对比研究，可以发现马克思经济学思想的进展路径，具有重要的学术意义。此后，《工资、价格和利润》德文版、法文版、俄文版等相继问世，极大地推动了该著作在世界各地的出版和传播。

二　国内主要版本及其传播情况

《工资、价格和利润》这部著作是马克思于1865年6月直接针对国际会员韦斯顿的错误观点在国际工人协会总委员会会议上用英文作的报告，是马克思的重要政治经济学著作之一。马克思在这部著作里扼要而通俗地叙述了他的经济学说的原理，揭示了剩余价值的实质。马克思的这部著作很早就传入中国，出现多个译本，反复再版。

（一）单行本译本

1. 1922年上海商务印书馆出版了由李季译、陶孟和校的该著作的中译本，书名为《价值、价格和利润》，是这部著作第一次在中国发行单行本全译本，为当时先进的中国人学习和研究马克思主义政治经济学提供了最早的资料。

2. 1929年上海泰东书局出版了朱应祺、朱应会的中译本，书名为《工资价格及利润》，定价五角。该书采用竖版繁体字印刷。在书前的“译者小引”中，译者写道：“本书是马克斯一八六五年六月二十六日在国际劳动总务委员会席上的一篇演说文章。当时马氏不过五十岁，距今约六十余年，两年后，即一八六七年《资本论》第1卷也已出版，所以他的经济学体系那时已就成熟了。这书原稿是英文的，是马克斯死后所发现的遗稿，不是他生前出版的。编订分节都是马克斯的幼女伊利诺（Elernor Marx Aveling）及他的女婿爱底瓦得（Edward Aveling）两人的功夫。英文原本标题为《价值价格及利润》（*Value Price and Profit*）。德文本子是本斯泰因（Bernstein）所翻译的，标题为 *Lohn Preis und Profit*，本丛书现依德国译本翻译，因此，就题为《工资价格及利润》。说到本书的内容，总可算是马克斯经济学的骨子，又可说是《资本论》的缩略。页数虽少，而《资本论》上的重要问题大概都已涉及。尤其《资本论》第1卷与第3卷的主要部分，更简明地叙述出来。又剩余价值学说史上所讨论的许多问题也于本书的第八章及第十一章中，明白解释。所以研究马克斯经济学的人不可不读《资本论》，而研究《资本论》的人不可不先把这本小册子反复熟读，所以我们把它译出，作为马克斯研究丛书的第四种。"① 这里提到的《马克斯研究丛书》指20世纪30年代泰东书局出版的一套马克思研究学术的著作，其中包括《马克斯的经济概念》《马克斯的民族、社会及国家概念》《马克思的伦理概念》《马克斯的工资劳动与资本》和《马克斯的国家发展过程》等书，较早地向中国介绍和传播了马克思的著作和思想。

朱应祺翻译的《工资价格及利润》于1949年由世界文化出版社再版。

3. 王学文、何锡麟译本，系根据英文本译出，书名为《价值、价格和利润》，全书44000字。该译本最早收于1939年出版的《政治经济学论丛》一书中，单行本最早于1946年由生活书店出版，新中国成立后的第一版1950年2月由三联书店（上海）出版，1953年12月由人民出版社仍以三联书店名义出版（平装，0.22元）。该版本多次再版重印，各版之间有细微差别。

① 马克斯：《工资价格及利润》，朱应祺、朱应会译，上海：上海泰东图书局出版1929年版，第1页。

4. 中央编译局翻译的单行本。由中央编译局翻译、人民出版社出版的单行本《工资、价格和利润》是按照《马克思恩格斯全集》中文版第16卷中所载译文排印的，后有注释20条（一版4次后改为19条），全书共四万三千字。本书初版于1964年4月，第1—3次印刷（平装，0.19元）时均未署译者名。1965年1月另出精装本（0.68元）。1971年11月第一版第4次印刷时开始署名，至1975年10月为第一版第7次印刷（平装，0.17元）。另外，本书于1964年6月及1971年12月曾两次出版过16开大字本。

（二）被收录著作集

1.《马克思恩格斯全集》第一版第16卷第111页至169页，收录了《工资、价格和利润》。该版《工资、价格和利润》从俄文翻译过来，题页注明“原文是英文，俄文是按手稿译的”。主要是根据《马克思恩格斯全集》俄文版第二版第16卷（1960年出版）翻译和校订的，并参考了《马克思恩格斯文选》（两卷集）中文版的有关译文。在这一篇的题注中标明：“这部著作是卡·马克思于1865年6月20日在总委员会会议上用英语作的报告。这篇报告是由委员会委员约翰·韦斯顿5月2日和23日的发言引起的；韦斯顿在发言中企图证明，货币工资水平的普遍提高对工人没有好处，并由此做出工会‘有害’的结论。保存下来的报告稿是马克思的手稿。报告由马克思的女儿爱琳娜以‘价值、价格和利润’（*Value, Price and Profit*）为题于1898年首次在伦敦发表，并附有E.艾威林写的序。手稿中引言和前6节没有标题，由艾威林加上了标题。在收入本卷时，除了总标题以外，这些小标题都保留下来了。”①

2.《马克思恩格斯全集》第二版第21卷第155页至212页收录了《工资、价格和利润》。这一中文版本根据《马克思恩格斯全集》1992

① 《马克思恩格斯全集》第16卷，北京：人民出版社1964年版，第733页。

年历史考证版第一部分第20卷进行翻译，原文是英文，于1898年以小册子形式在伦敦出版。在题注中标明："这是马克思于1865年6月20和27日在国际工人协会中央委员会会议上用英文作的报告。中央委员会委员约·韦斯顿在5月2和23日的发言中企图证明，货币工资水平的普遍提高对工人没有好处，并由此做出工会'有害'的结论。马克思遂于1865年5月20日—6月24日写成这篇报告，报告中不仅揭穿了商品价格取决于工资水平这一虚假理论，而且阐明了马克思主义政治经济学的许多关键问题。保存下来的报告稿是马克思的手稿，没有标题，开头写着：'1865年6月20日星期二向总委员会宣读'。全文由作者用阿拉伯数字分为十四节。这篇报告在马克思生前没有出版过。因为他担心发表这篇报告，会过早地挪用他当时正在紧张写作的《资本论》中的一些重要原理。1898年，报告由马克思的女儿爱琳娜以《价值、价格和利润》为题首次在伦敦发表，并附有爱·艾威林写的序。引言和前六节在手稿中是没有标题的，由艾威林加上了标题。在本卷中，除了总标题以外，这些小标题都保留下来了。这篇报告的德译文发表在1898年《新时代》第6年第2册，由伯恩斯坦翻译的德译文用的标题是《工资、价格和利润》。"①

3.《马克思恩格斯文集》第3卷第25页至78页收录了《工资、价格和利润》，这个版本是根据《马克思恩格斯全集》历史考证版第一部分第20卷并参考《马克思恩格斯全集》德文版第16卷翻译，原文于1898年以小册子的形式在伦敦出版。这一版本的题注内容更加丰富："《工资、价格和利润》是马克思的一部重要的政治经济学论著。马克思在这部著作中扼要而通俗地阐述了《资本论》中一些重要原理，说明了剩余价值的形成过程和工资的实质，揭示了资本家对工人进行剥削的秘密。他指出，资本家的本质是追求最大限度的利润，工人阶级必须不断为提高工资和缩短工作日而斗争，才能对资本家的贪欲有所抑制，

① 《马克思恩格斯全集》第21卷，北京：人民出版社2003年版，第634页。

才能防止自己的地位不断恶化。在深刻论证工人阶级开展经济斗争的必要性和重要性的同时，马克思也指出了经济斗争的局限性，强调要把经济斗争和政治斗争结合起来。他指出，单纯的经济斗争反对的只是结果，而不是产生这种结果的原因，工人'应当摒弃做一天公平的工作，得一天公平的工资！这种保守的格言，要在自己的旗帜上写上革命的口号：消灭雇佣劳动制度！'。本文是马克思于1865年6月20日和27日在国际工人协会中央委员会会议上用英语作的报告。中央委员会约·韦斯顿在5月2日和23日的发言中企图证明，货币工资水平的普遍提高对工人没有好处。马克思于1865年5月20日—6月24日写成这篇报告稿，批驳了这个错误观点。目前保存下来的报告稿是马克思的手稿，没有标题，开头写有：'1865年6月20日星期二向中央委员会宣读。'全文由作者分为十四节。1898年，报告由马克思的女儿爱·马克思-艾威林以《价值、价格和利润》为标题在伦敦发表，并附有爱·艾威林写的序言。引言和前六节在手稿中没有标题，由艾威林加上了标题。本卷除总标题以外，保留了这些小标题。这篇报告的德译文发表在1897—1898年《新时代》第16年卷第2册，译者是爱·伯恩斯坦，采用的标题是《工资、价格和利润》。1922年上海商务印书馆出版了由李季译、陶孟和校的该著作的中译本，书名为《价值价格和利润》；1929年上海泰东书局出版了朱应祺、朱应会的中译本，书名为《工资、价格和利润》；1939年延安解放社出版的王学文、何锡麟、王石巍翻译的《政治经济学论丛》收有这篇著作的中译文。"①

（本文来自2017年中央编译出版社出版的史清竹所著《马克思〈工资、价格和利润〉研究读本》有关内容。）

① 《马克思恩格斯文集》第3卷，北京：人民出版社2009年版，第629页。

馬克斯研究叢書之四

馬克斯

工資價格及利潤

朱應祺
朱應會 合譯

上海泰東圖書局印行

1929

馬克斯的「工資」「價格」及「利潤」

馬克斯的「工資」「價格」「及」「利潤」

序 言 （註一）

諸君！本論研究以前，請稍爲讓我說幾句話。就是現在歐洲大陸罷工的眞正流行病，和要求增加工資的一般呼聲非常高漲，將要成爲我們國際勞動者同盟大會（註二）的一大問題。諸君都是國際勞動協會的指導者，（註三）對於這種重要問題當然有一定的成見；所以余不揣冒昧，明明知道諸君必定會聽得疲倦厭煩的，但余還以爲這種重要問題，應鄭重考慮，確是自己的義務。

（註一） 這本小冊子本是馬克斯在國際勞動者同盟總委員會席上所發表的議論，英國社會勞動黨（English Socialist Labour Party）的發行本，就將這序言省略了。

(註二) 上述國際勞動者同盟大會，即指一八六五年九月所開的國際勞動者同盟大會 (International Woaking m n's Association)

(註三) 馬克斯這篇議論，是一八六五年六月二十六日，在前述之國際勞動者同盟總委員會(The General Cuneil of Internatioional Warking men sassociation) 席上所發表的。(參照 Draba,Marx-Billia graphie, 1920 S, 38,)

還有一句話：就是對於威斯敦君(註四)的議論，須申明一下。他對於諸君所提出的意見，在勞動階級方面是極不歡迎的，而他以爲是有所貢獻於勞動階級，而且公然辯護他這種憤發的精神，眞是我們欽佩不已的。但是我們據現在的形勢看來，他的議論在理論上還有誤謬，實際上則有危險。我的論文的調子，雖過於突露，而其結果，我以爲也是他議論根底上的正當思想，且是與他一致的。我並希望他也能發見這種相同的結論。現在閒話休提，我們且將應欲研究的問題，開始討論罷。

（註四）威斯敦（John Weston）是一個奧溫（Owen）派社會主義者，又是國際勞動者同盟協會有力委員之一人。他從前在總務委員會席上，曾朗讀過關於勞動工資的論文，據他的意見：勞動工資額，是因生產物額而決定的，若從勞動階級全體利益上看起來，勞動者爲要求增加工資而實行罷工，可以說是毫無意思的舉動。

譯者小引

本書是馬克斯一八六五年六月二十六日，在國際勞動總務委員會席上的一篇演說文章。當時馬氏不過五十歲，距今約六十餘年，兩年後，即一八六七年「資本論」第一卷也已出版，所以他的經濟學體系，那時已就成熟了。

這書原稿，是英文的，是馬克斯死後所發見的遺稿，不是他生前出版的。編訂分節，都是馬克斯的幼女伊利諾，（曰Eleanor Marx Aveling）及他的女壻愛底瓦得（Edward Aveling）兩人的工夫。英文原本，標題爲「價値價格及利潤」（Valve Price and Profit）德國本子，是本斯泰因（Bernstein）所翻譯的，標題爲「Tohn Preis und Profit」本叢書現依德國譯本翻譯，因此，就題爲「工資價格及利潤」。

說到本書的內容，總可算是馬克斯經濟學的骨子，又可說是「資本論」的縮圖。頁數雖少，而「資本論」上的重要問題，大概都已涉及。尤其「資本論」第一卷至第三卷的主要部分，更簡明的敘述出來。又剩餘價值學說史上，所討論的許多問題，也於本書的第八章及第十一章中，明白解釋。所以研究馬克斯經濟學的人，不可不讀「資本論」，而研究「資本論」的人，不可不先把這本小册子，反覆熟讀，所以我們把他譯出，做爲馬克斯研究叢書的第四種。

一七，七，二三，譯者識於中江

馬克斯的「工資」「價格」及「利潤」目錄

目錄 二

第一章　勞動者要求增加工資是無益的事情嗎?（註一）

威斯敦（John Weston）的議論，實際上是根據兩個前提：第一，國民的生產額是一定的，即數學家所說的一種不變的分量或大小的意思；第二，眞實工資（real wages）額，也是一定不變的，即以眞實工資（即眞實工資和以貨幣表現的工資——即名目工資 nominal wages ——是對偶的）購得商品之分量而測定的工資額，是一定不變的。

（註一）這個標題，德國本斯泰因（Bernstein）譯爲「國民生產物與工資分配」，英國原本題爲「生產與工資」。

但威斯敦君的第一個主張，完全錯誤了。因爲生產物的價値與分量，是年年增加，而國民勞動的生產力，也是年年增加；因此，要流通那每年遞增的生產物，所需要的貨幣分量，也是常常變動，這都是諸君所知道的。在一年的年底，或在互相比較的，相異數年間，那眞實的東西【卽是某種變動】卽在各年間的平均日【例外暫不管他】也是眞實的。【卽也是變動的】。國民生產物的分量或大小，是繼續變動的；生產物的數量，是可變的並非不變的我們雖然丟開人口的增減變動不講，然而那資本的蓄積和勞動的生產力仍舊是變動不居的，所以生產物的數量，也不得不因此而變動了。假使一般工資率，卽刻就騰漲起來其結果如何，姑置勿論，但不能因工資騰貴，馬上就使生產額變動毋庸疑義。所以工資率騰漲，國民生產額也不能卽時發生變動。但據我的揣想：如果工資沒有騰貴以前，國民生產物的分量，是可變的不一定的時候，那工資騰貴以後，仍然是可變的，是不一定的。

現在我們假定國民生產額，不是可變的，是不變的時候，我們朋友威斯敦所認爲論理的歸結，總不免是一種無理由的主張。例如「八」這個數目，他的絕對的限界，並不妨礙他各部分互相間相對的限界的變更。假使最初利潤是六，工資是二的時候，雖然工資忽然增加到六，而利潤減少到二，結果，那總量仍舊是八。所以那絕對的限界，是不變的。縱然國民生產額是一定的，決不能證明工資額也是一定的。然則我們的友人威斯敦君，要怎樣才能證明他那一定不變的事情呢？必定說：我們主張什麼就可以證明什麼。

（註二）有些人以爲因主張某事，常常可以證明某事，例如普魯東（Proudhon）君，因主張某事而證明某事，於是我們可以知道：他所主張的地方，即是他證明的地方，他所假定的地方，即是他否認的地方。（……Herr Proudhon beweist es, indem er es behauptet, Wir haben es gesehen: behaupten heisst für ihn beweisen, wie voraussetzen leugnen heisst.）（參照「哲學之貧困」（Elend der philosophie S. 131）

退一步說，就算他的主張是正當的，——他雖是注重一方面的議論——實則這種同樣的理論，兩方面都可以適用的。即假使那工資額的大小，是一定不變，則無論增加與減少，都是不可能的。所以勞動者要求工資一時的增加，固然是愚蠢的行動，而資本家要求工資一時的減少，也同樣是一種愚蠢的行動。我們的友人威斯敦君，一方，於一定情形之下，承認勞動者要求增加工資的事實，但僅承認工資額是自然的，一定的，以後必定會起反動變化的。他方，但又承認資本家要求工資減少，且實際上不斷的努力要求減少。然依據這種工資不變的原則，則後者的情形應與前者相同，繼續的惹起某種反動變化。所以勞動者實行反抗資本家減少工資的計畫或運動，應認為是一種正當行為。然對於工資減少的一切反動，馬上又可以算做是工資增加的運動。所以勞動者強要工資增加也當然是一種正當的行動。因此，即根據威斯敦君的工資不變原則，而勞動者們於一定情形之下，為增加工資計，也不可不有相當的團結和奮鬥。

若他否認這種結論，則產生這結論的前提，也不可不同時放棄。即是他不能說「工資額是一定不變的分量」的話。既說是一定不變，當然是不能增加，而且不應該增加。但在資本家方面，可以說如要減少工資，則隨時都可以任意減少，並且可以要他減少。照這樣說來，如果諸君希望資本家飼養諸君不用肉食而代以馬鈴薯，不用小麥而代以燕麥諸君也必定會依據經濟學上的一法則（註三），身不由己的，樂從他的意志能了。又如某國的工資率，比他國較高，比方美國的工資率比英國較高，諸君必定會依據美國資本家的意志與英國資本家的意志的不同，來說明這個工資率的差異，——這個方法，的確不單是使經濟現象的研究，化爲單純，即其他一切現象的研究，也能够依這方法，而化爲單純了。

（註三）「人類爲維持生活計，實行社會的生產時，常身不由己的，順從那一定的，必然的諸關係。」所謂身不由己的——非自己意志而獨立的——關係，就是人類對於那種關係，不問他意欲與否，或意識與否。發現這種關係的客觀的法則，確是經濟學的任務。

但，雖然到這個時候，我們還能够發出質問：「爲什麼美國資本家的意志，與英國資本家的意志，是相異的呢？」諸君若要答覆這種質問，就不能不出乎諸君意志範圍以外。又或有人說：「上帝在法國意想這種事實，而在英國又意想那種事實。」如果我再向他要求說明意志的二元性的時候，他必定會老着臉皮的答道：「上帝在法國有這種意志，而在英國則有那種意志。」但是我們的友人威斯敦君，決不是否認一切推理，而滔滔議論的人。

資本家的意志完全在多取多得。所以我們的目的不是想說明他的意志，乃是想研究他的力，力之界限及界限之性質。

第二章　工資騰貴對於生產物分量及價格的影響(註一)

(註一)這個標題在英國通行本標爲「生產，工資，利潤」在德國譯本標爲「工資變動對於生產物分量及種類的影響。」

威斯敦君向我們所讀的演說辭，總括起來，他的推論可以得下述的歸結：即若勞動階級強迫資本階級，不支付現金工資四先令，而支付五先令的時候，資本家賣去商品所得回的價值就是四先令而不是五先令，即在工資沒有增加以前勞動者以四先令可買得的東西，到現在非支付五先令不可。但這是什麼緣故呢？爲什麼資本家支付五先令，僅能收回四先令呢！因爲工資總額【以工資總額購買商品的分量所測定之工資總額，（即眞實工資Real wages）】是一定不變的。但爲什麼工資總額就一定是四先令價值的商品呢？他爲什麼不定爲三先令，或二先令，或其他一定數目的價值呢？如果工資總額的限度，不是偏於資本家的意志或勞動者的意志，而根據一種經濟的法則而決定的時候，那麼，威斯敦君第一就應該把這種法則記述出來，並且要證明出來。其次，威斯敦君對於在一定時間內，事實上所支付的工資總額，是否常常和那種必然的工資總額相符，並且決不是相背的，也應當證明一下。反之，如果工資總額的一定限度，是單根據資本家一方面的意志或是根據他的貪慾的限度時，這只可算是任意的限度，並非何等必然的限度。即是，如果因資本家的意志，可以變化這種限度，那就反乎資本家意志的工資總額限度，也是可以變化的。

威斯敦君舉一個例證來解釋他的學說。他說：「有一個盛着一定量湯汁的菜盆，若由一定人數去和飲時，不能說因調羹寬度的增大那湯汁的分量也可以增加。」他這種例證，却是弄巧反成拙了。因此我又想起阿格利巴（Agrippa）所引的一個比喻。當羅馬的平民反抗羅馬的貴族時，貴族阿格利巴就告訴他們說：「貴族譬若腹，平民譬若手足，所以貴族可以養活屬於同一政治團體的平民。」但是阿格利巴不能證明我們因塞滿某一個人的肚子，就可養活別人的四肢。威斯敦已經忘却：那勞動者攝取食物的盆，是充滿了國民勞動生產物全部的；而且勞動者不能從盆中多取食物的原因，一不是那盆之狹小，二不是那盆之內容不充分，完全是歸咎於調羹的狹小能了。

但是，資本家有什麼方法，可以把四先令價值的東西，變成五先令呢？就是抬高他所賣商品的價格。至於商品價格的增加或變動，總而言之，商品的價格，是單跟着資本家的意志如何而決定的嗎？又實現資本家的意志時，還須有什麼一定事情發生嗎？如果沒有一定事情發生，那麼市場價格的起落或不斷的變動，眞是一個不可解的隱謎了。

我們假定勞動生產力，或投下的資本或勞動的分量、或計算生產物價值的貨幣價值等，都沒有什麼變動，僅工資率有了變動時，爲什麼工資的騰漲就可影響於各種商品的價格呢？這原因極其簡單，卽是因各種商品的需要供給間之實際的比例而發生的影響

就全體來觀察，勞動階級所得的收入，多半是消耗於生活必要品上，並且是必要的費用。所以工資率一般的騰貴，必定惹起生活必要品需要的增加，並惹起必要品市場價格的騰貴。於是生產這些生活必要品的資本家，就把這商品騰貴的價格，去塡補那增加的工資。但是，那些不生產日常生活必要品的資本家，（卽生產奢侈品的資本家）却又怎麼樣呢？並且這些資本家，爲數亦復不少。如果諸君對於【英國】國民生產物的三分之二是爲五分之一的人口所消耗的事實，仔細考察一下，（【英國】的衆議院一議員，謂最近不過是人口的七分之一）諸君必定知道：國民生產物的大部分，必須製造爲奢侈品，或和外國生產

的奢侈品類交換而且這種生活必要品，浪費於家庭間畜養奴僕，馬，貓，犬，豕，等，又不知多少分量。但這種浪費，依據我們的經驗，因生活必要品的騰貴，當然會大受限制的。

但是那些不生產生活必要品的資本家的地位，却與上述生產生活必要品的資本家不同了。因爲一般工資騰貴，結果就是利潤率下降；他們既不生產生活必要品，所以市場上的需要，不能增加；需要既不能增加，他們當然就不能漲高商品價格去填補增加的工資。於是，他們的所得，漸次減少；並且要在這減少的所得中，支付比從前還要多的貨幣，以獲得和從前同一數量的騰貴了的生活必要品。不但如是，他們因所得減少，同時對於奢侈品的開銷，也當然減少，因此，他們互相間對於他們生產品的需要，也是要減少的。又因這需要減少的結果，他們商品的價格，也就不得不低落了。所以在這類產業中，利潤率低落，不僅是與一般工資率騰貴，成單比例，同時，又是與一般工資騰貴，生活必要品的價格騰貴，及奢侈品的價格低落，成複比例了。

各種產業所用的資本因產業不同，而生出利潤率的差異時，將發生什麼結果呢？不用說，那平均利潤率根據某種原因，在各種產業中發生差異的時候，則無論何時，那一般所生的結果，也必定會發生差異。因此，資本與勞動，必定會從那利益較少的產業，向那利益較大的產業，開始移動。這種移動的步驟，要等到一種產業的供給增加到與增加的需要均衡，及其他種產業的供給，減少到與減少的需要均衡的時候，才能中止的。等到這種變動完了後，那在各種產業的一般利潤率，又再行回復平均。因為這種混亂的變動，本是起於各種商品需要供給的不平衡，只要原因中止，結果也必定會同時中止。如是，那物價也必定恢復到以前的水平狀態。所以因工資騰貴而使利潤率低落的現象，不單是某種產業的現象，惟是一般產業的現象。照前述的假定說起來，勞動的生產力和生產的總額，都沒有什麼變動，所變動的，就是一定生產物額的形態。換句話說，生產物之大部分，或變形為生活必要品，其小部分，或為奢侈品；重複同說：即小部分的生產物，或和外國的奢侈品相交換，大部分的生產物，或於本來形態（即生活必要品的原形）就被人消費；再重複的說：即國內生產物的大部分，變爲不與外國的奢侈品相交換，而與那生活必要品相交換了。所以工資率普遍的騰貴，擾亂一時的市場價格後，對於各種商品的價格，並沒有長久變動的影響，僅僅惹起利潤率一般的低落罷了。

如果有人攻擊我以上的議論，說我所假定剩餘工資（即因工資騰貴而增加的部分）的全部，是單只消費於生活必要品的時候，我可以答復他：我這個假定，是最適合於威斯敦君的意見的，如果剩餘工資，是消耗於原來不屬於勞動者消費範圍以內的品物上面，那麼，他們的購買力，的確已經增加，可謂一目瞭然。但是他們購買力的增加，既是僅由工資騰貴所發生的，那末這種購買力的增加，恰好與那資本家的購買力減少，是正相對應。所以這種變動情形，不是對於各種商品總需要的增加，單是各種商品需要的構成部分的變動罷了。即是一方面的需要遞增，因他方面的需要遞減，而互相抵消。結果，總需要是保持不動的狀態。而商品因市場價格也不能有什麼變動。

於是，我們就碰着以下的難關：即剩餘工資，【即因工資率騰貴所增加的工資。】完全是消耗於消費財上（生活必要品及奢侈品）的呢？還是單只消耗於某種物品上，（生活必要品）而使這物品的市場價格，一時騰貴的呢？在前者的情形，是勞動者方面的需要增加，有資本家方面的需要減少，足以相抵償；在後者的情形，所發生的結果，某種產業的利潤率增高，而他種產業的利潤率下降，遂惹起資本和勞動分配上的變動。結局在前者的產業，供給的增加，要等到和已經增加的需要相平衡，在後者的產業，供給的減少，要降到和已經減少的需要相平衡，這種變動，才能停頓。要之，在前者的假定之下，各種商品的價格，不會起什麼變化；在後者的假定之下，市場價格，稍有搖動後，各種商品的交換價值，還是回復以前水平線上的標準價值。所以無論何種假定，凡工資率一般的騰貴，結果不過發生利潤率一般的下落罷了。

威斯敦想混亂諸君的思想，所以說：「假使英國農業上的工資，一般的從九先令騰漲至十八先令的時候，諸君想一想，將發生怎樣的困難？又，生活必要品的需要極端增加時，他的價格，將怎樣的騰貴？」但是，你們都知道：美國農業勞動者的平均工資，比英國農業勞動者的平均工資，總在二倍以上；至於美國農業生產物的價格，也要比英國的低廉；而資本和勞動的一般關係，無論英國美國，都是同樣，每年的生產額，英國雖多於美國，而美國農業勞動者的平均工資，要比英國農業勞動者的平均工資，多至二倍（註四）以上。然則，我們的朋友，爲什麼故意做此警句呢？這也不過是擺脫我們面前的眞正問題罷了。從九先令飛漲到十八先令的工資騰貴，就是百分之百的騰貴。現在我們並不是議論英國一般工資率，能否飛漲到百分之百的問題。我們以爲：工資一時騰貴的多少，是沒有什麼作用的，那工資的騰貴，須要根據各種實際上既定事實，並且要適應於各種實在情形。我們只應該說明：工資率一般的騰貴，——雖然只騰貴百分之一——究竟發生怎樣的作用。

（註四）英國社會勞動黨出版的"Lucian Senial"脚註說「馬克斯作了這篇文章後，已經過三十五年了，（距現在差不多六十餘年。）這個當中，英美兩國相對的事情，不但是農業上，卽生產的各方面，都有很大的變化。然對於馬克斯的議論及結論，都沒有什麼影響，自不待言。」

我現在把威斯敦君工資騰貴百分之百的幻想，暫且不講。請諸君注意英國從一八四九年至一八五九年所發生的眞正工資騰貴的事實。

諸君都知道：一八四八年以來，所採用的「十時間制限法，」正確說來，就是「十時間半制限法。」這又是我們所目擊的一種最大經濟變動。就是一種突然的而且強制的工資騰貴。這種變動，【工資騰貴】不是發生於某地方的事業，乃是發生於英國以此左右世界市場的主要各種產業，而且這種工資騰貴，恰好是在此惡劣環境之下所發生的。攸耳（ure）博士，西尼亞（Senior）教授，及其他一切代表中產階級經濟學的辯護者等，都證明這種十時間制度，是英國產業上的致命傷。我敢斷定的說：他們所根據的理由，實遠過於我們朋友威斯敦所持的理由。他證明勞動時間制限法，不單是歸結於工資單純的騰貴，實因勞動量需要的減少所惹起的，而且以此爲基礎的，工資騰貴。他們主張說：「我們從資本家手裏所要奪取的第十二時間，正是資本家從此所獲得利潤的唯一時間。」因此，他們並聲言：將來必發生資本蓄積的減少。物價的騰貴，市場的凋敝，生產的減少，結果又必發生對于工資的反動，以至于窮極的破滅等等事實上，他們明言：「羅伯斯庇亞氏（Maximilian Robespierre）的【生活必要品的】「最高價格律，」（maximun Laws）也不配和這樁事情比較。」他們的主張在某種意義上，亦有相當理由。但其結果縱令勞動者一日的工作時間縮短，然而各工廠工人的現金工資，反到騰貴，工廠雇用的工人數目，也同時增加，他們生產物的價格，繼續低落，他們勞動的生產力，也非常發達，他們的商品消場，必繼續的擴充，爲前古未有的現象。一八六〇年，我在曼徹斯特（Manchester）科學進步協會（註五）席上，曾親自聽見牛曼（W. Newman）氏說他自己及攸耳（Ure）博士，栖孖（Senior）教授及其他經濟學上的辯論者等都是錯誤了，唯有民衆本能方面的主張到是眞的。我現在不說及法蘭西斯牛曼（Francis Newman）教授，而特把威廉牛曼（W. Newman）舉出的意思，因爲他在經濟上占了很重要的地位，並且他是托馬斯托克。(Thomas Tooke)（一七九三——一八五六年間研究物價歷史的學者）所著「物價史」(Mr.Tooke's History of Prices）的投稿人兼編輯者。假使我們的朋友威斯敦君所主張什麽都是一定的這種觀念——工資總額，生產總額，及勞動生產力的程度等，都是一定的，又資本家的意志也是一定的，並且是恆久的，此外無論什麽事情，都認爲一定的，及斷定的觀念——是正確的時候，那麽栖孖教授的悲觀預言也必定是正確的。同時，奧溫（Robert Owen）氏的行動，反是錯了。因爲他於一八六一年，宣言勞動日（卽一日的工作時間）一般的制限，是準備解放勞動階級的第一步，他並不把一般的偏見放在心上，實際上在新拉拿爾克（New La nark）地方他自己的紡績工廠裏面已經實行這種工作時間制限了。

（註五） Society for the Advancement of Science

至於採用十時間制的結果，就引起工資的騰貴，恰好當時，因種種理由。——那些理由，此處不必列舉，——英國農業界的工資也一般的騰貴了。

我陳述我的意見以前，預先說幾句話。這並非爲我直接的目的，實是爲免除諸君的誤會起見；請稍爲注意一下。

比方，某人每星期所得的工資，爲二先令，現在增加到四先令，這就是工資率騰貴到百分之百了。這種現象，在工資率騰貴的表面說起來，增加一倍的工資，似乎很好，然實際上，因物價的騰漲，還是不足以充飢禦寒。所以諸君不可爲工資率的百分比例的增加所眩惑，必定要想一想：當初【一定工資率沒有騰貴以前的】工資總額，究竟是怎樣的情形？

還有一件很明白的事情：即，如果有十個人每星期各得二先令，五人每星期各得五先令，又有五人於每星期各得十一先令的時候，這二十人合計每星期共得一百先令；（即是五磅。）現在假定他們每星期的工資總額，上騰貴百分之二十，即是從五磅增加到六磅。這時候，照平均計算，一般工資率可以說是增加了百分之二十，但實際上，其中有十人的工資，還是照原來的樣子，有五人的只是由五先令增加到六先令，其他五人的工資是由五十五先令增加到七十先令。如果工資是眞正的照這樣的增加，我們可以說這些人中，有一半人的地位絲毫沒有改善，其餘四分之一人數的地位，可以說稍有改善；又其餘四分之一人數，的地位，才是眞正改善了，但是，如果我們再平均的計算一下，他們這二十人的工資總額，確係只增加了百分之二十，而雇傭他們的資本總額，和他們所生產各種商品的價格，在這種工資總額增加百分之二十的範圍內，他們都同樣的受這種工資平均增加的影響。至於農業勞動上的標準工資，英國和蘇格蘭各州的情形，非常差異，所以工資騰貴影響於勞動者的情形，也是很不相同的。

最後，還有一件可注意的事。當工資騰貴發生期間，各種對抗的勢力，也同時開始活動，如俄羅斯戰爭的結果，增加各種新租稅，和農業勞動者住宅的破壞等，都是。

上節所述的冒頭語，大概如是。現在要說明的，是從一八四九年至一八五九年間，英國的農業工資平均率差不多增加百分之四十的事實。我本可以詳細的向諸君說明，以證明我的話是實。但爲現在的目的計。我以爲只要把一八六〇年已故穆爾頓（I. C. Morton）在倫敦文藝協會席上所宣布關於「用于農業上的力量」（The forces used in Agriculture）的批評論文，指摘出來就算够了，穆爾頓這種論文是根據農人口頭報告及各種確實的簿據文書等類，所編成的，即是根據居住蘇格蘭十二州和英格蘭三十五州的農夫約百人上下的口頭報告，各種計算書，簿據，及其他可靠的文書等類所編成的。

據上所述，農業工人的工資，這樣的騰貴，如果我們認定威斯敦君的見解是正確的，同時又把當時工場工資騰貴的情形，合而觀之，那麽，一八四九年至一八五九年間，農產物的價格，應該非常騰貴；然按之事實，却完全相反。爲什麼呢？當時雖有俄羅斯戰爭，且自農產要四年至一八五六年間，都是收穫不豐，然從一八三八年至一八四八年間，英國的主一八五物，如小麥的平均價格，每一罕突(quarter)的價格，約值三磅，到了一八四九年至一八五九年間，小麥每一罕突的價格，反低落到二磅十先令。即英國農業上的平均工資率，雖已騰貴到百分之四十，同時，小麥的價格，反下落到百分之十六以上了。在這個期間內，我們把初期和終期，即把一八四九年和一八五九年間政府接濟工人的數目相比較，就知道是從九三四·四一九八減少到八六〇·四七〇八，兩數相差爲七三·九四九八。這種相差的數目，即是減少之數。且減少的程度，也是很小，過了數年，這種減少，雖然慢慢的沒有了，但減少的事實，還是有過了的。我們可以說：英國自取消「穀物條例」(The Corn Laws)以後，從一八四九年至一八五九間，外國穀類的輸入，比較一八三八年至一八四八年間所輸入的，多至二倍以上。如果依據威斯敦君的見解，對于外國市場這樣忽然的，庞大的，而且繼續的穀物需要增加，必定使外國市場上農產物的價格非常的騰貴，毫無疑義，因爲某種商品需要增加的影響，無論起於國內或國外，都是趨於同一現象，沒有什麼變化的。但事實上又是出於吾人意料之外。即除去那數年的歉收年間外，在這個全體期間內，穀類價格非常的跌落，當時法國人常視爲議論中一重大問題。美國人甚至於非將他的剩餘生產物焚燒不可了。至于俄國方面，據厄赫特（Urquhart）說：俄國的農業輸出品，在歐洲市場上，因和美國人競爭，被他壓倒了，所以才煽動美國的南北戰爭，以減少他的輸出的。

威斯敦君的議論，如照抽象的形態說來，即：一切需要的增加，必發生于一定生產總額的基礎上面。所以需要的增加，決不能增加所需的各種商品的供給，只能使各種商品的貨幣價格騰貴能了。但是我們只要稍爲推考一下，即刻就可了解：有時雖需要增加，各種商品的市場價格，完全不生變化；有時需要一經增加，那市場價格，馬上就騰貴起來；于是或供給增加，或價格復原，趨於原來的水平狀態，但多半還是低落到水準以下的價格。至於需要增加的原因，是否發生於剩餘工資，（因工資騰貴所增加的部分）或其他原因，對於這個問題的條件是絲毫沒有變更的。如果依照威斯敦君的見解，無論說明一般的現象，或說明因工資騰貴這種特別事件而發生的現象，都是一樣的困難。所以他的議論，對於我們所欲論述的問題，並沒有什麼特殊的關係，他不過是想說明：「需要增加的結果，不發生市場價格的騰貴只發生供給的增加」的一種法則。但他的議論，卻又是表示他毫沒有理解這種法則的一樣。

第三章　工資的漲跌對於貨幣增減的影響（註一）

威斯敦君在這個會議席上，討論的第二日，把他原有的主張，改變新形式。他說：「現金工資普遍的騰貴以後，則必定要較多的貨幣，去支付工資。」貨幣的分量，既是一定，又怎麼能夠以一定分量的貨幣，去支付已經騰貴的現金工資呢？前章所論問題的困難，是發生於不管現金工資騰貴如何，而勞動者應得的商品分量，是一定的；本章所論問題的困難，是發生於不管商品的分量是否一定，而現金工資是騰貴的。不庸說，假使諸君不承認他第一個斷案，那末第二個難關，當可迎刃而解了。

（註一）德國的譯本標題為「工資的變動（漲跌）和貨幣的變動（增減）」英文原本題為「工資和貨幣」(Wages and Currency)

但是，我現在想說明：這個貨幣問題，和我們要進行討論的題目，完全沒有什麼關係。英國金錢支付的組織，比較歐洲那一國，都要完善。社會上因受銀行制度的擴張及集中之賜，凡週轉同一量的價值，或實行同一或較大量的商品交換時，所需貨幣的分量，較之其他各國，少得多。今以工資範圍的例，來說明一下：大概英國的工廠工人，都是把自己每星期所得的工資，付給小賣商人；這種小賣商人，又將所得的貨幣，每星期送存銀行；各銀行即把這貨幣交還工業家；各工業家再將這貨幣支付自己工廠的工人；如此輾轉，支付流通。所以各人手中所存的現金貨幣，極爲稀少。比方，一個工人，每年所得的工資共計五十二鎊，如果照這種組織方法，每星期只要一金鎊，就可支付他的工錢。這種組織，英格蘭還不如蘇格蘭那樣完備。並且英格蘭各地方的組織，也不是到處一樣完善的。所以農業發達的地方，比較單只工業發達的地方，人民實行小量的價值交換時，常常要大量的貨幣才能週轉靈便，這是人人知道的。

假使諸君渡過海峽，走到歐洲大陸一看，就可知道：各國的現金工資，較英格蘭要低得多；並且德國法國瑞士及意大利等國，都是比較要大量的現金貨幣，才能流通自若。又同一貨幣，也不能和英格蘭同樣，一二星期，就可以轉入於銀行或資本家之手。所以在英國每年得五十二鎊的工人，一年中，只要一個金鎊的現金貨幣就可週轉自若，而在歐洲大陸諸國，恐怕每年得二十鎊的工人，都要三個金鎊的現金貨幣，才能流通自若。照這樣看來，歐洲大陸諸國與英國相比較時，我們可以知道：現金工資低廉的國家，所需要的流通貨幣，比那現金工資騰貴的國家，還要多得多。但這是專門上的研究問題，和我們現在所討論的問題，又是毫不相干了。

據我所知道最正確的統計，英國勞動階級每年所得的總工資，約計二億五千萬鎊，照上所述，雖這樣厖大的金額，只要三百萬鎊的貨幣，就可流通靈便。現在假定英國工人的工資，增加了百分之五十，這時候的流通貨幣，就是四百五十萬鎊。但是，工人每日費用的大部分，都是用銀幣或銅幣等一種補助貨幣，去支付的；這種補助貨幣的價值，對於現金貨幣，只有相對的價值；即是根據法律任意所定的名目價值，差不多和那不兌現的紙幣相等。上述英國工人的工資，假若增加百分之五十，那就要四百五十萬鎊的現金貨幣，才能流通自若。今若除去工人日用大部分的補助貨幣外，只要追加百萬磅，即四百萬鎊的現金貨幣，就可流通夠用了。於是從前埋藏於英格蘭銀行或私營銀行地下室的一百萬鎊金塊或地金，到這時候，也必定會鑄造出來流通了。流通貨幣的增加，當然要發生貨幣上相當磨毀的損失，這一百萬鎊的現貨追加鑄造，或追加磨損，其中所生的消耗損失，如果要減省，當然可以減省，並且事實上可以減省的。又，英國的通貨，本來分爲二大類：其一，爲各銀行、發行的鈔票，商人互相間，或消費者與商人間彼此的交換上，大宗款項，皆屬這種貨幣；其二，即金屬貨幣，小販商人的交易，皆通用這種貨幣。這兩種貨幣，形式上雖各有不同，而其職能作用，還是互相交錯的。例如，支付大宗款項時，凡五鎊以下的另數，大概是用現金支付。所以假使明日就發行這種四鎊，或三鎊，或二鎊等鈔票時，則流通這種徑路上的現金貨幣，必自然的被他驅逐，慢慢的流通到那必要這種現金貨幣的地方去了。所以因增加工資百分之五十，所需要百萬鎊的貨幣，就不追加一個現金貨幣，也可以供給足用，又如郎卡犀州（Lancashire）僅加發一種支票，並不加發銀行鈔票，也可以流通週轉。這種發行支票的事實，已經很久了。

關于工資率一般騰貴的問題：例如，威斯敦君假定農業的工資率一般騰貴爲百分之一百時，生活必要品的價格，一定會非常的騰漲；又，據他的見解，這時候因物價騰漲，決不能得到必要的貨幣追加量，那末工資率一般的下落，在反對方面也一定會發生同樣規模的同一結果。不錯！諸君都知道一八五八年至一八六〇年間，是紡績業最旺盛的時期，尤其一八六〇年，差不多是商業史上無與倫比的年代，同時他種產業，也非常隆盛。所以紡績工人及與紡績業相關係的產業勞動者的工資，在一八六〇年，已漲至從來未有的高價。接着就是美國產業界的恐慌；所有這類產業勞動者的工資，忽然就低落到從前工資額的四分之一了。翻過來說：如果假定在騰貴方面，即可說工資是騰貴了百分之四百。因爲如果工資率是從五漲到二十時，我們便說工資率騰貴了百分之四百。但是若從二十低落到五時，我們即說工資率低落百分之七十五了。即前者騰貴額和後者低落額，都同是十五先令。這樣情形，可算是工資率未曾有的突然變動現象。同時，職工的數目，除直接從事紡績業的以外，合計間接與紡績業相關的職工總數，約在農業勞動者一倍半以上。但是，這時候的小麥價格，會低落了嗎？據統計上的調查，從一八五八年至一八六〇年三年間小麥的平均價格，每一罕突(quarter)爲四十七先令八辨士，到了一八六一年至一八六三年這三年間，小麥的平均價格每一罕突爲五十五先令十辨士，兩相比較，計騰貴了八先令二辨士。至於流通貨幣，是怎麼樣的情形呢？一八六〇年英國造幣廠所鑄造的數額，爲三百三十七萬八千七百九十二鎊，一八六一年（所鑄造的數額）爲八百六十七萬三千二百三十二鎊，即一八六一年所鑄造的數額，比較一八六〇年，多至五百二十九萬四千四百四十鎊。惟銀行鈔票，於一八六一年比較一八六〇年，確是減少了百三十一萬九千鎊。今再從那增鑄的現金貨幣五百二十九萬四千四百四十鎊中，減去這百三十一萬九千鎊的鈔票，而一八六一年，比較一八六〇年所鑄的流通貨幣，還多三百九十七萬五千四百四十鎊，即約計四百萬鎊，是增鑄的數額，至於英格蘭銀行的準備地金，其減少的數目，縱然不和這數目完全相同，也總在這個數目的上下了。

我們再把一八六二年與一八四二年間，市面的情形，比較一下：一八六二年，除了市面上各種商品的價值和分量有極大的增加外，單只對于英格蘭及威爾斯的鐵路股票與公司債務，所應支付的資本已達三億二千萬鎊；這種厖大的金額，若在一八四二年，當然是認爲不可信憑的數目。但是，一八六二年與一八四二年間，流通貨幣的總額，差不多是相等的。一般的說來，各種商品的價值及金錢交換上的價值，雖然繼續增加，但是流通貨幣的分量，反漸次有減少的傾向。若依據威斯敦君的觀察說來，這又是一個不可解的隱謎了。

威斯敦君如果把這個問題，稍稍嚴格的考察，他必定會知道以下的事實；——工資問題，姑勿置論，如今且假定他是一定不變的。——即市面上流通的各種商品價值及分量，及一般決算上所用的金錢交換總額，都是日日變動的；其次，如銀行發行的鈔票總額，不須貨幣作媒介，而專靠期票，小支票，賬簿上的信用，及因期票交換所的媒介而實行支付的款項等，都是日日變動的；復次，現實的金屬貨幣，既然是必須的，那在市面上流通的鑄造貨幣，及做銀行準備金的條金和地金之比例，是日日變動的；最後，因國內流通所吸收的地金的分量，與因流通國際間而輸送國外的地金分量，也是每日變化不定的。因此，威氏必定會明白：從前他所謂「通貨的分量是一定不變的」這種獨斷，是大錯而特錯的謬誤，和我們日常所見的變動是根本不相容的。如果他明白了這一點，那末他必定變更他的關於通貨法則的誤解，不唱反對工資增加的議論，而研究使通貨適應於這種變化不定的法則了。

第四章　需要供給的法則（註一）

（註一）本章英文原文標爲「供給與需要」(Supply and Demand) 德國譯爲「關於工資的測定。」

威斯敦君信奉「反復是研究之母，」這種俗諺，（拉丁語爲 Repetitio est mater Studiorum）所以對於他最初的獨斷，反復改變新形式，遂謂：「因增加工資所生通貨的減少，必發生資本減少的結果。」但是，關於他貨幣上的奇怪思想，我業經批評過了，因此，對于他所想像的貨幣上的難關而生出他所想像的結果，當然沒有深究的必要。我現在把他以種種形式反復說明的同一獨斷，改爲最簡單的理論形式，推論如下。

威斯敦氏討論這個問題時，完全沒有用批評的方法，他對於增加工資，或已經增加的高價工資，俱持反抗的論調。但是，我却要問他：高價的工資是什麼？低廉的工資又是什麼？例如，每週五先令，爲什麼是低廉工資？每週二十先令，爲什麼是高價工資？如果承認五先令的工資，是比二十先令低廉，那麼，二十先令的工資，比二百先令的工資，豈不是更低廉了嗎？如果有人說明寒暑表的本質時，最初就舉出溫度的高低，決不能使人了解寒暑表是什麼。他必定要先向我們說明：要如何才能發現冰點？要如何才能發現沸騰點？又爲什麼這些標準點，不是爲販賣者或製造者之嗜好而定的，乃是根據自然法則而定的？如今威斯敦君對於工資及利潤，不獨不能由經濟法則，演繹這種標準點，並且對於這種標準點，不感覺有考究的必要。工資的大小，必須要經一定的標準，比較測定，才能斷定他的高低。威斯敦君則不然。他對於標準點，不加考究，反承認普通俗語所說：「工資的高低」是有一定的意義的。

他爲什麼不能說明：一定量的勞動，須與以一定量的貨幣呢？假使他答復說：「這種勞動量的大小，與工資的多少，是根據「需要供給的法則而決定的」的時候，我即刻就可質問他：「需要供給的本身，究竟是根據什麼法則而規定的？」（註二）這麼一問，他這種答復一定會沒有什麼價值了。不庸說，勞動的需要與供給的關係，是常常變化的；跟着這種變化，勞動的市場價格，也是常常變動的。即勞動的需要，超過供給時，工資一定騰貴；反之，供給超過需要時，工資自然低落。（原來在這樣的情形下面，我們或者須用能工或別種方法去試驗需要供給的眞正狀態）但是假若諸君承認：需要供給的關係，是決定工資的法則，那末，諸君毅然反對工資的增加，未免太類於兒戲了。爲什麼呢？據諸君所引用的最高法則（即需要供給的法則）說來，工資一時的騰貴或一時的低落，都同樣是一種必然的，或當然的現象。如果諸君不承認：需要供給，是決定工資的法則，那末，我就再質問先前的一句話：「爲什麼對於一定量的勞動，須與以一定量的貨幣呢？」

（註二）「需要供給的關係，不能說明市場價格的變動；反之，市場價格，反可說明需要和供給的變動。」（參照「資本論」德國本第三卷之一，第一七一頁，及一六五頁以下。）

現在我對於需要供給這個問題，更從廣義方面而考究說明一下。如果諸君以爲勞動力（普通本單作「勞動」，正確的說來，應作「勞動力」參照本書第七九節）或其他一切商品價值，是以需要供給，爲最後的決定時，那就完全錯誤了。因爲需要供給的關係，只能夠決定市場價格一時的變動。需要供給，或者可以向諸君說明：爲什麼某種商品的市場價格，高於他本身的價值，或低於他本身的價值？然而不能夠說明商品價值的本身。我們假定需要和供給，保持平衡，或如經濟學者所說：需要和供給，是一致的。在這些反對的力，成爲相等的時候，他們彼此都互相牽制，任何種反對力，都不能向何方面發生作用。所以需要和供給，互相保持平衡，停止作用的時候，商品的市場價格是和他的眞實價值一致，卽和他的標準價格是一致的。（註三）所以我們研究商品價值的性質時，不必研究需要和供給對於市場價格一時的影響。關於這一點，無論研究工資或其他一切商品，都是一樣的。

（註三）「需要和供給平衡時，他們的相互作用，必同時中止；而商品的出賣，必完全準據市場價值」（參照「資本論」第三卷之一第一六九頁）。

第五章　工資與物價（註一）

我們把威斯敦君的議論，改爲最簡單的理論，卽可得到以下的一種單一斷案；卽「商品的價格是依工資而決定或限制的」

（註一） 德國譯本，題爲「工資及商品的價格。」

我現在從實際上的觀察，來反證上述這種陳腐的謬論。例如，英國勞動者中，比較得高價工資的，就是工廠勞動者，鑛山工人，及造船工人等，他們的生產物的價格，比較各國，都要低廉；同時英國農業勞動者的勞動價格，即工資比較低廉，而他們的生產物的價格，在競爭上，比較任何國，都要昂貴。因此我們可以知道；在同一國內的物品和物品比較，及各國諸商品互相比較時，除却少數表面上的例外，平均計算，大概高價的勞動，生產低廉的商品。而低廉的勞動，反產生高價的商品。這種現象，雖然不能夠證明高價的勞動和低廉的勞動，這兩者的結果原因，是正相反對的。然而總可以證明；各種商品價格，決不是因勞動的價格而決定的。但是，我們用這種經驗的方法來證明他，都是枉費了的。

也許有人說；威斯敦君並沒有唱導所謂「商品的價格是依工資而決定或限制的」一這種獨斷論。事實上，他也沒有把這種獨斷，化爲一種公式。他並且把利潤及地租，也作爲商價格的構成部分，因爲不獨勞動者的工資，應該從商品價格中支付，就是資本家的利潤，和地主的地租，都是應該從商品價格中支付的。但是我必定又要問一句；那麽，據他的意思價格是怎樣構成的呢？他一定答復說：第一，是由工資構成的，其次，卽於這個價格上面，再替資本家加上一個百分之幾，又替地主加上一個百分之幾。現在將生產商品所需用的勞動工資，假定爲十，如果利潤率，是工資總額的百分之百時，商品價格上，加入資本家所得的，也是爲十；同時，地租率也是工資總額的百分之百時，商品價格上，加入地主所得的，也是爲十。所以商品的總價格，卽變爲三十了。照這樣的決定商品價格，那就確是與單因工資決定商品價格同樣的了。如果工資騰貴到二十時，那麽商品的總價格，當然跟着就騰貴到六十。此外騰貴的情形，也可依此類推。所以一般老朽經濟學者，主張這種工資決定價格的獨斷論，並想說明利潤及地租，是加於工資上面的百分之幾的部分，來證明他們這種獨斷論。他們無論何人，都沒有把這些百分比的限度，做爲一種經濟上的法則。（卽爲什麽這百分比，定爲百分之五十，或百分之百，沒有一人能夠根據一定的經濟法則，說明出來的）。不但如是，他們以爲；利潤是由因襲，習慣，資本家的意志，或因武斷的，而且不能說明的他種方法而決定的。縱令他們主張；利潤是因資本家等互相間的競爭而決定的，這也不能成爲什麼說明。資本家互相間的競爭，當然在種種事業上，可以使種種的利潤率平均，並且可以使這些利潤率，趨於同一的平均水準線上，但是，這也還不能決定平均水準線的本身，即是不能決定一般的利潤率。

（註二）　如果不能說明一般利潤率的水準，是如何決定的，同時，就不能說明利潤率低落的傾向。馬克斯在資本論上，說明這種法則後，即敘述如次：「據以上所述，這個利潤率低落傾向的法則，似乎非常簡單，但是，從來的經濟學全部，都不能發見他。從來的經濟學者，並非沒有發見這個現象；但是他們所用的方法，非常矛盾，所以總是苦於不能說明他。而且這種法則，在資本家的生產上，極爲重要，因此我們可以說；自亞丹斯密氏(Adam Smith)以後的經濟學全部，都是傾全力去解決這種神秘的問題的。又可說；自亞丹斯密以後，種種學派間的差異，就是存於解決這種問題所用的計畫的差異。但是，他方，我們如果把次述的事情考究一下，就可以知道；從前的經濟學，所以不能解決這個問題的原因了。即從前的經濟學，對於不變資本及可變資本，彷彿是區別了，但總沒有明白的說明；其次，他們總沒有把剩餘價值從利潤中分離出來說明，並且一般的沒有把利潤中的各種獨立成分（產業利潤，商業利潤，利息，地租等）區別出來，而單純的去說明利潤；復次，他們既未曾把資本有機的構成上之差異，根本的分析出來，因此，對於一般利潤率的構成，也沒有根本的分析過。（參照「資本論」第三卷之一第一〇三及一〇四頁）

所謂商品的價格，是依工資而決定的，究是什麼意義呢？我以爲所謂工資，不過是勞動價格(註三)上所附與的名稱，因此商品的價格，遂變爲是依着勞動價格而決定的意義了。所謂「價格」卽是交換價值，——我所說的價值，無論什麽時候，都是指交換價值，(註四)——卽是用貨幣表現出來的交換價值所以先前的命題，就應爲下述之形式；「商品的價值是依勞動的價值而決定的」或說；「勞動的價值是價值的一般尺度」

(註三) 此處或以後散見各處的「勞動價格」或「勞動價值」等，這種名詞，都應做「勞動力」的價格，或「勞動力」的價值的解釋。(參照本書第七章及第九章)

(註四)「資本論」第一版第四頁的脚註第九，所載：今後我們所說「價值」的名詞，如果沒有什麽規定時，就是指「交換價值」，但是第二版所載「交換價值，又是指價值的現象形態」此外關於價值及交換價值的術語，可以參照Em-ett the marxian Economic Handbook 的附錄。

然則「勞動價値」的本身，是如何決定的呢？這到是我們的困難問題。但我們所謂困難，並非別的，就是論理上推論的困難。在主張此說的人，他們輕輕看過論理上的推理，當然沒有什麽躊躇了。比方，我們取威斯敦君的例來說：最初他對我們說：「工資是決定商品價格的，所以工資騰貴，物價必定同時騰貴。」其後，他又改變方針，說：「雖然增加工資，也是無益的，因爲工資增加之後各種商品的價格，業已騰貴，而且工資的高低，實在是由支出工資而購買的各種商品的價格而測定。」因此，我們最初的假設是勞動價値，決定商品價値；終結是商品價値，決定勞動價値。像這種翻來覆去的謬論，到頭來，還是毫無結果的。

要之，我們把一種商品的價値，（例如勞動，穀物，及其他商品等，）做爲一般價値的標準及規定時，就是以一種物品的價値來決定他種物品的價値，（而前種物品的價値也非決定不可，）結果，不過是轉移這種理論上的難關罷了。

所謂「工資決定商品價値」的獨斷，我們用最抽象的言詞表現出來，即是「價値是因價值而決定的。」這種同義反覆的言辭，對於說明價值的意義是毫無用處的。如果我們承認這個前提，那麼，經濟學上一般法則的一切推理，必定會變成一種廢話。因此，一八一七年李加圖在他著的「經濟學原理」中，根本的打破「工資決定價格」這種陳腐的，凡俗的謬見，可算是一種莫大的功勞。亞丹斯密及亞氏以前法國的經濟學先覺者，在他們所研究眞正科學的部分中，雖然排斥這種謬見，但在他們的比較通俗的粗淺的各章中，又重行把這種謬見引用出來。

第六章　價值（及價格）與勞動（註一）

（註一）　英國原本題爲「價值與勞動」，德國翻本題爲「價值與價格」

諸君！我現在對於這個問題，不能不將他的範圍擴充，來研究一番。我所討論的，當然不能說是十分滿足。因爲若要求完全就不能不涉及經濟學範圍的全部。所以只能（如法國人所說的）將主要各點(Effleurer la quest on) 通述一遍罷了。

我們所提出的第一個問題就是「商品的價值是什麽？這種價值，是如何決定的？」

從表面上看起來，一種商品的價值，彷彿是完全相對的若不把這種商品和其他一切商品的關係研究一下，好像不能決定他的價值。實際上，我們說：某種商品的價值，爲交換價值時，就是這種商品和其他一切商品所交換的比例分量 (Proportional quantity) 的意味。但是，如果是這樣，就又會發生一問題；「商品互相交換的比例，又是如何規定的呢？

我們從經驗上，知道這些交換比例，是有無限的變動。我們試舉小麥的例來說一說：即一罕突 (quarter) 小麥，與各種商品交換時，差不多可以發見無數個不同的交換比例。這種小麥的價值無論是用絹布或用金及其他商品表現出來，都是常常相同的所以他對於種種物品的種種交換比率，必定是各各不同，而且是完全獨立的。即必定能够用一種極不相同的形態，來表現對于各種商品的各種方程式。

不但如是，假使我們說：小麥一晉突，於一定比例之下，和鐵相交換，或小麥一晉突的價值，把鐵的一定量表現出來時，即是說：小麥的價值，和小麥在鐵上面的相等的價值，是等于不是小麥也不是鐵的第三種價值。因爲我們是假定以兩種相異的形態來表現同一的數量。所以這些相異形態的東西，無論是小麥或鐵，都是互相獨立的，他們的共通標準，就不能不歸結於第三者了。

我因要說明這一點，我暫且舉一個幾何學上最簡單的例來說明一下。凡欲比較種種三角形的形態及面積的大小，或將三角形和長方形或其他直線形比較時，我們將如何着手呢？我們無論對於何種三角形，最初就要把他的面積，改變和原有的形態完全相異的形態。若從三角形的性質說起來，他的面積，是底邊和高相乘之積的半數。因此類推，無論什麽形狀的三角形的價值，都可以比較，又一切長方形的各種價值，也是可以比較的，因爲一切長方形，都可以改成一定數的三角形。

各種商品的價值，亦然。我們也可以用同一的方法，去比較他們。我們可以把這些商品的價值，都改變爲一種共通的表現，再則把這些商品的價值，歸納於這種同一標準率，然後根據標準率的比例。就可去分別這些商品價值了。

各種商品的交換價值，不過是他們的社會機能，與他們的自然的性質毫不相關，所以我們首先必須質問「一切商品共通的社會的實體是什麽？」這當然可以答，就是「勞動」大概生產一種商品，必須加上或耗費一定量的勞動，更須注意的卽那勞動不是普通的勞動乃是社會的勞動，一個人生產物品，如果爲供給他自己需用，或作自己的消耗時，這種物品，只可算是製造一個生產物不能叫做一個商品。因爲凡在自給經濟時代的生產者，是與社會不發生關係的。但是一個人到了生產商品的時候，不獨是爲滿足某種社會的欲望而生產，他的勞動本身，必定構成社會上所消費的勞動總額的一部分。他這部分勞動，必須附屬於社會內部的分業中。如果社會上沒有別種分業作用，這種勞動，也不能成立，並須從自己方面去，補充別種分業。

我們如果把商品當作價值來考究時，我們就應該專從那實在的固定的或結晶的社會勞動單一觀察點，來觀察這些商品。從這種觀察點看來，這些商品的區別不過是代表勞動分量大小的區別罷了。例如，一條絲手巾的價值，較一塊磚的價值大得多，因為製造一條絲手巾的勞動分量，較製造一塊磚的勞動分量大得多。但是勞動分量是如何測定的呢？就是依勞動所繼續的時間而測定，即是依時，日，等而測定的。如果要應用這種測定的標準，就須把一切種類的勞動，改為平均勞動或單純勞動，以作測量的單位。

因此，我們可得上述的結論：一種商品有某種價值正因為着商品是社會勞動的結晶。他的價值的大小或相對的價值是靠着商品裏面所含社會實體的分量大小而決定，換句話說，（商品價值的大小）即是靠着生產商品時，所需勞動的相對的分量而決定的。所以各種商品的相對價值，是依據各種商品上所消耗的實現的或固定的勞動分量而決定的。凡以同一勞動時間生產各種商品，他們各各的勞動分量，（價值）是相等的。又或一種商品價值對於他種商品價值的關係，就是和固定於前者的勞動分量，對於固定于後者的勞動分量的關係一樣。

諸君中一定有許多人質問我，然則商品的價值，依工資（即對於生產商品所消費勞動的報酬）而決定，和依生產上必要勞動的相對分量而決定，其間果有什麼區別，或多大的差異呢？那麼，我答復諸君的話，就是：請諸君要愼重注意這勞動的報酬和勞動的分量是完全不相同的東西。例如，假定小麥一罕突和金子一兩（Ounce）所費的勞動量是相等的，我所以舉這個例，因爲這是一七二一年佛蘭克林氏（B. Franklin）的最初的論文中，業已採用過的，在他所著「關於紙幣的性質及其必要的小研究」一論文中（A Modest Enquiry into the Nature and necessity of a Paper Currency）說及價值的眞性質，這種膽大的嘗試，可謂前無古人了。我們假定一罕突小麥和一兩金子是價值相同或價格相等的東西因爲他們是固定于幾日或幾星期內平均勞動的同一分量的結晶因此我們決定金子和穀類的相對價值時，對於農業工人鑛夫的工資到底想到了嗎？不用說是沒有想到的。卽如我們對於他們一日間或一星期的勞動報酬如何，又或是否雇用工資勞動者（Wages labour 都完全沒有想到。但如果雇用工資勞動時，恐怕工資極不相同，也未可知，比方，生產一罕突小麥的勞動者，僅能得二蒲式耳（Bushel）（八蒲式耳當一罕突）小麥的報酬，如果是鑛山工人或能得半溫司（ounce）的金子又或他們的工資雖然相同，而所生產商品的價值，於種種的比例上，也許有不同的比方，他們所生產的商品價值等於穀物一罕突，或金一溫司的二分之一，或三分之一，或四分之一，或五分之一，或任其他任何分數，都是有的。但是，他們的工資總不能超過他們所產生商品的價值限度以外，並且有時在一切可能限度內，還要少於他們所產生商品的價值。所以他們的工資因生產物的價值如何，而受限制，那生產物的價值卻不因工價的高低，而受限制了。總之，商品價值（例如穀物和金的相對價值）的決定，與所使用的勞動價値（卽是工資）是毫無關係的。所以依固定于商品的勞動相對分量而決定各商品的價値，和所謂「依勞動的價値（卽工資）而決定各商品的價値」這種同義反覆（註二）的說明是有天淵之別。關於這一點，在我們的研究進行中，以後再行詳細說明便了。

（註二） 參照：第五章「工資與物價」的最後幾段。

我們計算商品的交換價値時，於其最後所消費的勞動分量上，須加入從前商品原料所消費的勞動分量，和幫助這種勞動的器具什物，機械，及建築物上賦與的勞動分量等等。例如，綿絲一定量的價値，是下列各種勞動分量的結晶品。如紡績過程中棉花上所費的勞動分量，棉花產生以前所費的勞動分量，煤炭，油，及其他補助材料上所實現的勞動分量，又蒸氣機關紡錘工場建築物及其他應用物品上固着的勞動分量等都是。凡生產器具（註三）如道具，機械，及建築物等，在生產過程中或長期間或短期間，都是可以反覆無數回使用的。如果此等器具與原料同樣，是卽刻消耗的，這些器具的全價值，必定卽刻就移轉到他們所幫助生產的各種商品上面去。但是，例如紡錘這種東西，因他是漸漸消耗的，他的價值，當然不能立刻轉移，只能根據於一定期內，每日間的消耗或磨損等平均計算。依此，紡錘的價值中，每日轉移于紡績物上的分量，都可以計算出來的，例如一磅絲中所耗費的勞動總量內，有若干勞動分量，是消耗在紡錘上的，都可以計算出來。我們對於現在的目的，實在沒有詳述的必要了。

(註三)　生產器具，本是英文(Instruments of production)的譯語，如果照狹義的解釋，就是勞動手段的意味，若從廣義解釋，就連原料或補助材料等，都包括在內。

假使商品價值，是依生產該商品所必要的勞動分量而決定，那末做工的人愈怠惰，或愈呆板，他完成這種商品必須的勞動時間愈多，他所生產的商品，彷彿是更有價值的了。照這樣推想，那就大錯特錯了。我所說「社會的勞動」一語，想諸君還能記憶的。因爲這「社會的」形容詞中，含有許多的意義。我們如果說：商品的價值是依商品上所消耗製成他的勞動分量而決定，就是指：於一定的社會狀態中，在一定社會的平均生產條件之下，使用勞動之社會的平均強度（intensity）和熟練時，所必需的勞動分量。美國自機械織機和手織機的競爭發生以後，把一定量的棉紗織成一碼棉布時，還不要以前一半的勞動時間。這種可憐的手織工從前把一日不過勞動九時間或十時間，到了機織工業時代，一日非勞動十七時間乃至十八時間不可了。但是，從前他每日二十時間勞動的生產物，現在只能抵社會勞動的十時間，換句話說，把一定量的紗，織成一種布疋時，他個人二十時間勞動的生產物，不過代表社會的勞動十時間。所以他現在整整的工作二十時間的生產物，比較從前十時間所成的生產物的價值，不能有格外的增大。

所以如果各種商品所消耗的社會必要勞動量，是可以規定商品的交換價值，那末，凡一種商品生產上所必要的勞動分量增加時，則商品的價值，必同時增加；若商品生產上所必要的勞動減少時，則商品的價值，必同時低減。倘若各種商品生產上必要的勞動量，常常不變，那麼這些商品的相對價值，也一定沒有什麼變動的。但實際上，這種常常不變的事情，恐怕也是沒有的。一種商品生產上所必要的勞動量的變化，是常常跟着勞動生產力的變化而變化的。即勞動生產力愈大，則在一定勞動時間內，必定能造成更多量的生產物；反之，勞動生產力愈小，則在同一時間內，只能造成更少的生產物。例如，因人口增加的結果，必須耕種較貧瘠的土地，但是要產生與肥沃地方同量的生產物，必須消耗較多的勞動量。因此，農產物的價值也必定同時騰漲。反之，例如我們利用近代的生產手段，來紡紗，如果一紡紗者在一勞動日內所紡得的棉紗的量比從前用手紡車的人，在同一時間內，所紡的量，要多至數千倍時，則每一磅棉花，也要一定較從前，少吸收幾千次的紡紗勞動量，自不用說。其結果，因紡績工作，每一磅棉花所加的價值，也一定比從前要少幾千倍；因此，紗的價值，也自然落的了。

我們如果把人類先天的精力，和後天的勞動能力的差異，暫且丟開不講，那勞動的生產力，大概根據以下的事情而變動的：

一，因勞動自然條件的差異；例如土地，鑛山等的豐饒磽瘦及其他原因；

二，因社會的勞動力之進步改良；例如大規模的生產，資本的集積，勞動的結合，工廠內的分業（Subdivision of labour）機械及新發明的諸方法，化學的及其他自然力的利用；因交通機關的發達，而縮短時間及距離；利用科學的力，使自然的力，供給勞動之用；並且因此發達勞動之社會的或協力的性質；及其他一切設備等，諸如此類，都是社會的勞動力的改善。所以勞動的生產力愈大，則耗費在一定量生產物的勞動必愈少，因此，生產物的價値也就愈少。反之，勞動的生產力愈小，則耗消在一定量生產物的勞動必愈大，因此，生產物的價値也就愈大。所以我們可以歸納數條。

做爲一般的法則，如下：

「各種商品的價值與生產上所使用的勞動時間成正比例又與生產上所使用的勞動生產力成反比例」

我以上盡是說價值現在對於價格也要說幾句。價格是價值的一種特殊形態。

從價格的本身來觀察，價格不過是把貨幣表現出來的，一種價值。例如，英國一切的商品價值，都是用金價格來表現。歐洲大陸諸國，則用銀價格來表現。又金與銀的價值，及和其他一切商品的價値相同，卽都是依取得這種金和銀所必要的勞動量的決定的。我們把一定量的生產物，（卽我們國民勞動一定量的結晶）去交換金銀產出國的生產物。（卽金銀產出國的國民勞動一定量的結晶品）這樣的交換，事實上，就是物物交換的方法，我們可以把金及銀，表現一切商品的價值，卽是可以表現一切商品上所消耗的勞動量。我們用貨幣來表現價值，換句話說，就是價值轉變爲價格的意思。再精確的考察一下，我們可以知道；價値變爲價格，就是在一切商品的價値上，賦與一種獨立的而且同質的形態之一過程，或表現同樣的社會勞動一定分量之一過程。本來價格不過是價値的貨幣表現。所以亞丹斯密氏就呼價格爲「自然價格」(Natural Price) 法國重農學派就呼他爲「必要價格」(Prix necessaire)

然則，價値與市場價格的關係或自然價格與市場價格的關係究竟是什麽呢？諸君都知道；商品的生產條件。雖因生產者不同而有差異。但市場價格則凡屬同種類的一切商品，都是同樣的市場價格，在生產的平均條件之下，不過是表現社會勞動平均量。即供給一定貨物於市場時所必要的社會勞動平均量。這是根據一定種類的商品全部而計算的。

在這種情形之下，一種商品的市場價格，是和他的價値一致的。他方，市場價格的變動，如有時高於他商品價値，或自然價格，或低於從前的商品價値，或自然價格，是跟着市場上需要和供給的消長而起的。所以市場價格，常常和商品價値相背離。但是亞丹斯密說：

「自然價格，是一種中心價格，各種商品的價格，常以自然價格爲中心。（趨向於這種中心價格）縱或因偶然的事實，有時候市場價格，非常的高於自然價格。有時或使市場價格，多少低於自然價格；但無論有何種障礙，使市場價格不停留或中止於這種中心價格，而結果，市場價格，總是傾向於這種中心價格的。

我現在對於這一點，不能多述。只說一句：假使需要和供給互相平衡時，各種商品的市場價格，與他們的自然價格是一致的，卽與由各種商品生產上，所必要的勞動量而決定的價值一致的。」就算够了。但是，需要和供給，常常有趨於平衡的傾向。原來，一方動搖，是因他方動搖的結果，卽物價的騰貴，是由於他的低落；（價格過於騰貴時，必定供給超過需要，跟着價格必定低落，）又價格的低落，一定由騰貴來塡補。（價格過於低落時，必定需要超過供給，跟着就是價格的騰貴。）我們如果不觀察每日的動搖，而如托克氏（Tooke）的「物價史」（History of Prices）上所說，用長期間的觀察，研究市場價格變動時，我們必定覺得：市場價格的變動，及與商品價值的背離，是或時騰貴，或時低落的，結果都可以互相抵償彌補的。所以我們覺得一切商品的價格，除獨占及特別的限制（Modification）外（我現在不能討論這一點）應該一律平均，按照商品的價值或自然價格出售的。至於因市場價格的變動，互相補償，以達平衡的期間，那就因商品的種類不同，他們互相補償的期間，也是各有長短。因爲有些商品的需要供給，較別的商品，容易平衡得多。

如果從廣義上觀察，並且作長期間的觀察時，一切商品，都是照他的自然價格出售的；如果人以爲商品的利潤，——不但是各個特別的利潤，且是種種事業上恆久的，普通的利潤。——是從各種商品價格發生，即在超過各種商品價值的價格出售時所發生的，那就太無意識了。這種無稽的思想一經推廣，當更爲明白。例如一個販賣商品時，常得利益，但他購買時，必常受損失（註四）。如果說販賣者未必是購買者，生產者未必就是消費者，那又是錯誤了。這些買賣的人支給生產者的東西，起初必定是無報酬的從生產者得來的假使有人首先就取了我們的現金，而後他把這個現金，購買我們的商品，我們縱然把這個商品高價的賣給他，我們也沒有賺錢的道理。這種交易雖可以減輕損失，決不能爲實現利潤的勢力。(註四)販賣者在超過自然價格出賣時，當然可以得利益，但是，販賣者也有購買的時候，即一方出賣商品，他方又不能不購買商品。出賣的時候，既是在自然價格以上，則購買的時候，也必定超過自然價格。所以出賣時所得的利益，到了買時，當然必定全完失落無疑，前後相抵，結果還是毫無所得。

所以我們說明利潤的一般性質，當從下述的理論出發即出賣商品時，從平均上來說來。應該按着商品真實的價值；利潤是從出賣商品價值中得來的。換句話，說利潤按着耗費於商品上的勞動量的比例出來，所得來的。如果我們不能在這種前提之下。說明利潤，則我們對於利潤一般的性質，也是不能說明的。這似乎是一種邪說，(Paradox)和日常觀察相反。然所謂地球環繞太陽而廻轉；又水是由兩種最容易燃燒的氣體構成的這都同是一種邪說。我們日常的經驗。極容易爲事物的外觀所迷惑，如果根據他來判斷科學上的眞理，這科學眞理，總免不了是一種邪說。

第七章 勞動力

我們在前章，以迅速簡單的方法，業已將一切種類商品價值的性質研究完了。現在更須把所謂勞動價值的特殊價值，注意的研究一番。我在這裏所說的，似乎是一種邪說，必定會招諸君驚怪的。我以爲：諸君每日所賣的，就是諸君的勞動，所以勞動這一東西，當然是有一種價格；商品的價格，是商品價值用貨幣表現出來的。因此，勞動本身，也必定有一勞動價值。但是在這句話的普通意義上並沒有勞動價值這種東西。我們前所述的，一種商品上必要勞動的結晶。即是商品價值的構成，今把這價值的觀念，適用起來：例如，十時間的勞動日(即一日十時間的勞動)的價值，是如何決定的呢？在那一日中，到底含有多少勞動的分量呢？不用說。就是十時間的勞動。但是，如果我們說：十時間勞動日的價值，就是等于勞動十時間所消耗的勞動分量。那就是一種同義反覆，且是無意義的表現了。我們一旦發見「勞動價值」眞實的及隱藏的意義時，我們當然可以說明這種價值概念的不合理，及表面上不能適用的理由，這好像我們一旦知道了天體的眞正運動後，跟着就可以說明天體之外觀的，或單只現象的運動一樣。須知勞動者所賣的東西，並非他的直接勞動，實在是他自己的勞動力他把這勞動力，一時的完全委託於資本家任其處理。這也從事實上可以證明的：英國的法制，如何規定，我們不知道，至歐洲大陸諸國法制，確有規定人民能够出賣勞力的最長時間（過此時間以外，就不准他賣勞力了。）如果不規定這種賣勞力的期間，毫無限制的任他永久出賣，那就和奴隸制度復活同樣。一個人一世賣他的勞力於雇主，那個人就是他雇主一生的奴隸了。

霍布士 Thomas Hobbes ）是英國最古的經濟學者，且是創造的哲學者。他在他著的「巨人」(laviathan)中，會直接的說過這一點，但所有後進者，都把他輕輕的看過了。他說：「一個人的價值（The value or worth of a man）和其他一切物品的價值相同，他的價格，就是對于他的勞力（力的使用）所提供的報酬。」

我們根據這種基礎，可以決定勞動的價值，和決定一切商品的價值同樣。

我們於研究決定勞動價值以前，可以發生下記的質問：即市面上有一班購買勞動力的人，他們擁有土地，機器，原料，及生活資料。他們這些人的所有物，除與原始狀態的土地外，就是一切勞動的生產物，他方，有一班出賣勞動力的人，他們除了勞動力即勞動時所用的手腕和腦筋外，沒有什麼可賣的東西，這種怪現象，究竟是如何發生的呢？換句話說：一方僅坐得利潤以致富，且不斷的購買勞動力，他方因爲要取得他們的生活資料，當不斷的賣却他們的勞動力。這種現象，究竟是如何發生的呢？研究那個問題，畢竟就是研究經濟學者所說的；「一次的或原有的蓄積」（註一）正當的說來，就是研究所謂「原來的所有剝奪。」

（註一）如果研究了這問題，我們就會知道；所謂原有的蓄積的意思，不外是連續的歷史過程，即：歷史的，就是使勞動者和勞動工具間本來的結合從新分離。是這樣的研究，不在我們所應研究的問題範圍內。因勞動者和勞動工具一旦分離後，上述的事情，必定繼續的維持，且常常增加規模繼續的再生產，結果生產方法的更新及根本的改革，必定會再行把他顛覆，不到造成一種新歷史形態而恢復本來的結合，決不中止的。(註三)

（註一）「一次的或原有的蓄積」（Previous or ariginal accumulation）或德文 Erste oder ursprüngliche akkumulation 參照「資本論」第一卷第七篇第二十四章。)

（註二）「原來的所有剝奪」即 Original expropriation 或德文為 ursprüngliche enteignung

（註三）參照「資本論」第一卷第七篇第二十四章第七節。

然則所謂勞動力的價值是什麼呢？勞動力的價值，也和其他一切商品相同是因生產勞動力所必要的勞動量而決定的。不過人類的勞動力，是蓄藏於人類生存時的身體中。一個人要圖成長或維持他的生命必須消費一定量的生活必要品。人類的消耗與機械與相同，衰老或死亡時，更須依他人去補充。所以勞動者，除維持他自己的生活，所需必要品的分量之外。因養育小孩——將來在勞動市場上，代他的位置，或嗣勞動者的種族——又需一定量的生活必要品。不但如是，還要消耗一定量的價值去發達他的勞動力，及習得相當的技術。原來我們的目的，只在考究平均勞動即關於教育和發展等費用。都可以不必計算。但是，我們乘這個機會，不得不說明的，就是因爲生產性質相異的勞動力，需要的生產費用，也是不同，所以用於各種事業上的勞動力的價值，也當然是不同的。因此要求工資平等的呼聲，只能說是一種謬想，到底不能實現的。這種謬想，是承認前提而避開結論的急進論者所創造的。在工資制度基礎之上，勞動力價值的決定，和其他一切商品價值的決定相同，即種類不同的勞動力，而他的價值，也是各各不同的。引伸說來：生產勞動力所必要的勞動量，有種種不同，所以勞動市場上，勞動力的價格，也當然是相異的。在現代工資制度基礎之上，而要求勞動平等的報酬或公平的報酬，那就好像在奴隸制度基礎之上，要求奴隸的自由一樣。我們以為什麼才叫做正義？或什麼才能叫做公平？都是不成問題的事情。我們應當考究的，就是在一定生產制度之下，什麼是必然的，且是不可避免的東西。

據上所述，我們可以知道；勞動力的價值是依勞動力生產，發達，維持，及繼續上，所需的生活必要品的價值而決定的。

第八章　剩餘價值的生產

我們現在假定：一個勞動者每日平均所需生活必要品的分量，要平均勞動六時間才能生產出來。又假定平均六時間的勞動力，是等於錢三先令價值的分量。於是，這三先令，就是以貨幣表現出來的勞動者每日勞動力的價值即是勞動力的價格。如果勞動者要購買他每日所需生活必要品的平均量，他每日只勞動六小時，就够了。換句話說：勞動者為維持他本身計，每日只要六小時的工作，就能够充分的購買生活必要品。

但是，我們認為應當研究的人類，即是工資勞動者。因為他們非把他的勞動力，賣給資本家不可。如果他們把他的勞動力一日三先令，或一星期十八先令，賣給資本家，那麼，他所賣的，恰好是適合他每日所勞動的價值。我們現在假定他是一個紡織工。他若每日勞動六小時，則他所加在棉花上的價值，就是三先令。他每日照這樣的增加棉花上的價值，每日支取他的工資，或勞動力的價格，我們可以說：他所增加棉花上的價值，與他所支取勞動力的價格，必定完全相等。這時候，資本家完全不能够得到什麼剩餘價值及剩餘生產物所以，沒有剩餘價值，反是我們議論上的一種困難問題了。(註一)

(註一) 特意研究剩餘價值，是從什麼地方出來的，而剩餘價值，又不能表現出來，所以是困難問題。

資本家購買勞動者的勞動力，支付他的價值後，與其他商品購買者相同，即時取得消費商品或使用商品的權利。他使機械運轉，然後消費機械，使用機械同樣，僱用勞動者，然後消費勞動者，使用勞動者。所以資本家購買勞動者一日或一星期的勞動力的價值，就是取得全日或全星期使用或運轉勞動者勞動力的權利。至於勞動日，（一日的勞動時間）或勞動週（一週的勞動時間），當然是有一定的制限，這事暫且留在以後，再詳細的研究罷。

我現在要請諸君注意以下的一個要點。大概勞動力的價值是依維持勞動 或再生產勞動力所必要的勞動量而決定的。可是，這種勞動力的使用，單是受勞動者的精力與體力的制限。勞動力每日或每週的價值和他每日或每週的發揮，大有區別，正和一匹馬所需的食料，和那馬載人行走的時間大有區別的一樣。勞動量是規定勞動者的勞動價值的東面，決不能限制他的勞動力所實行的勞動者。現在我們再把紡織工的例來說。據上所述，紡織工若要每日再生產他的勞動力，他必須每日再生產三先令的價值，他每日的勞動時間只要六小時，就可以獲得這種價值。但是這事決不妨害他每日十時間或十二時間或十二時間以上的勞動，資本家支付紡織工勞動力一日或一星期的代價，即時就取得使用該工人勞動力的全日或全星期的權利。所以資本家要勞動者作十二時間的工作，也會有的。於是，這種工人，除補償他的工資，或他的勞動力的價值，要勞動六小時外，更須勞動六小時；這六小時的勞動，我們就叫他爲剩餘勞動時間。這種剩餘勞動所產生的東西，就呼他爲剩餘生產物或剩餘價值。照我們現在所述的例，假若這個紡織工每日六小時的工作，等於他的工資三先令價值，即他的工作，每日所加在棉花上的價值，爲三先令的時候，那麼，他十二小時的工作，對於棉花上所增加的價值，即爲六先令。而他所產生剩餘的紗，也是和他的剩餘勞動時間，成正比例。但是，他的勞動力既已賣給資本家，則他所造出生產物的價值全部，當然是爲勞動力一時所有者的資本家了。所以資本家因預先支付三先令的工資，就可取得六先令的實惠。因爲資本家預先支付工作六小時的勞動價值，就可收回工作十二小時的勞動價值。依此類推，社會的生產過程，每日如是反覆資本家先付三先令與勞動者，即得回六先令勞動價值的生產物。他每日把六先令的一半，支付工資，其餘一半，並無何等代價，完全收歸自己荷包。這種不支付代價的價值，就叫他爲剩餘價值近代資本主義的生產或工資制度，就是以這種資本和勞動間的交換爲基礎而成立的。並且這樣的交換，確是足以使勞動者永爲勞動者，資本家永爲資本家而造出不斷的再生產的結果。

假定；一切事情，都不變動，剩餘價值率(註二)是依勞動日（一日的勞動時間）內，再生產勞動力的價值所必要的時間，和替資本家勞動的剩餘時間，或剩餘勞動的比例而決定的。換句話說，剩餘價值率，是依勞動者(以他的勞動)再生產他的勞動價值，或超過補償他的工資範圍，所延長的勞動時間而決定的。

（註二）關於剩餘價值率的詳細說明，可參考「資本論」第一卷，第三篇，第七章。

第九章　勞動的價值

我們現在須把「勞動的價值或價格」的表現，再敘述出來。實際上，勞動力的價值，是依着維持勞動力所必要的商品價值而測定的。但是，勞動者把他的工作完了後，他卽領取他的工資，並且只知道他所付與資本家的，就是他的勞動，所以他以爲：他的勞動力的價值或價格，彷彿必然的就是他的勞動本身的價值或價格一樣。如果他的勞動力的價格，（卽他獲得的工資）——工作六小時所得的——是三先令，那麼，工作十二小時，他的勞動力的價值，應該是六先令；但是，他必定以爲這三先令的代價，就是十二小時的勞動價值或價格。因此，可以得下述的兩個結果：

第一，勞動力的價值或價格表面上就是勞動本身的價值或價格但嚴格的說來，勞動價值，價格也是無意義的名詞。

第二，勞動者一日的勞動，只有一部分是有報酬其他一部分，是無報酬的；並且無報酬這部分的剩餘勞動，就是剩餘價值和利潤所由成立的泉源。但表面上好像一部分有報酬的勞動就是全部勞動的一樣。

從這種虛僞的形態觀察，可以知道：工資勞動和歷史上他種勞動的區別了，在資制度基礎之上，無報酬的勞動，也似乎是有報酬的勞動；反之，在奴隸制度基礎之上，那有報酬的勞動的一部分，又似乎是無報酬的勞動。不庸說，奴隸因爲要勞動，所以不得不維持生活；他的生活資料的價值，可以由他一日勞動時間所生產的價值中，扣除出來。所以他的勞動力有一部分是有報酬的。但是，因爲他和他的主人間，並沒有什麼契約，又沒有什麼買賣行爲，所以他的一切勞動看起來又似乎是沒有報酬的一樣。

他方，我們又可把農奴的例來說：最近歐洲東部全體，還有這種制度。這種農奴，於每週間除星期不算外，在他自己的農地或所分配他的農地上作工三天後，其餘三日，即須在他領主的農地上，無報酬的，強迫的從事工作。在這種情形之下，他們的勞動，似乎有一部分是有報酬的，和無報酬的區別，而且有時及場所的區別。所以自由主義者，以爲這種無報酬的勞動，極不合乎人道，且從道德的見地，盛倡反對論調。

從事實上觀察，農奴爲他本身計，在他自己的耕地上，每星期工作三日，其餘三日，即替他領主無報酬的勞動，正和工人在工廠或在工作場內，一日間爲他自己工作六小時，更爲雇主工作六小時，同一旨趣。但在後者情形，勞動的有償部分與無償部分，是互相混合，不能判然分別出來；並且他們交易的性質，是以契約爲媒介或依每星期最後一日，支付報酬的規定等，完全用一種假面具來遮蔽了的。所以工人與農奴，都是各有各的無償勞動，不過一個是自動的供給，一個是強迫的供給，只有這種差別能了。

以下我所用的「勞動價值」這個名詞，不過是跟着通俗的用法，其實，本應作「勞動力的價值」

第十章 利潤是依照商品實在的價值出賣所得的

現在假定；一時間的平均勞動所實現的價值，等於六辦士，或十二時間的平均勞動所實現的價值等於六先令；(一先令等於十二辦士)又假定勞動的價值爲三先令，或爲六時間勞動的生產物。如果製造一種商品的原料機械及其他器具原料品，須二十四時間的平均勞動，那末這些東西的價值，當然等於十二先令。如果資本家所雇用的勞動者，在這些工具的上面，再加上十二時間的勞動，這十二時的附加價值，又是六先令。所以生產物全部的價值，就等於三十六時間勞動的價值，以貨幣表示之，即爲十八先令。但是勞動價值，——即支付勞動者的工資——僅三先令。而資本家對於勞動者所工作六小時的剩餘勞動，並沒有支付何等代價，而那商品的價值，到實現出來了。所以資本家照商品的價值，賣得十八先令的時候，他並不要支付什麼代價，就可乾得三先令。這三先令，卽構成資本家所得的剩餘價值，或利潤。所以資本家不必超過商品本身價值出賣商品，卽完全照商品的眞實價值出賣商品也可以得到三先令的利潤。

大概商品價值是依着商品內所包含勞動的總量而決定的。但有一部分勞動量，是拿來支付工資而實現的價值，其餘一部分的勞動量，是沒有支付代價而實現的。卽商品內所包含的勞量，有一部分是有報酬的，其餘一部分，是無報酬的。所以資本家照着商品的價值，卽照着商品上所消耗勞動總量的結晶而賣却他的商品，他也一定能够得到利潤。資本家不但是出售花費了相等代價的東西，並且出售什麼代價都沒有花費的東西。（但他只消耗了勞動者的勞動。）資本家的商品生產費，和商品眞正的生產費，是全然不相同的。所以我可以反覆的說：「凡正當的而且平均的利潤，是照着商品眞實的價值出賣得來的，不是超過商品的眞實價值出賣得來的。」

第十一章　剩餘價値的構成部分

商品的剩餘價値或商品全部的價値中，這勞動者的剩餘勞動或那無報酬的的勞動所實現的部分，我都叫他爲利潤。這利潤的全部，也不是完全落於傭雇工人的資本家（註一）的荷包中。其中佔有土地的地主，以地租的名義，竊取剩餘價値的一部分，如農業或工業之建築，鐵路或其他生產上的目的所使用之土地等，都屬此類。他方，勞動工具的所有者，使雇傭工人的資本家生產剩餘價値。換句話說，即是使他佔有無報酬勞動的一定量。爲達到這種目的計，那勞動工具的所有者，就把勞動工具全部或一部，借給雇傭工人的資本家，而以利息的名義要求取得剩餘價値的他一部分。因此餘下給雇主資格的資本家的部分，即所謂產業利潤，或商業利潤了。(註二)

(註一)　雇用工人的資本家，(Employing Capitalist)

（註二）關於剩餘價值所包含的部分，如產業利潤，商業利潤，利息，及地租等，詳述於「資本論」第三卷內。

剩餘價值的總額，分割於上述三種人之間，但究竟是根據什麼法則而來的呢？這雖是和我們所述的主題，毫不相干。然大概也不出乎我們以上所述的範圍。

地租，利息，及產業利潤，不過是商品的剩餘價值或商品中所包含的無報酬勞動各部分的相異名稱這些名稱相異的東西，都是由同一泉源而且只由這種泉源分泌出來的即同是由剩餘價值或無報酬勞動，產生出來的。這些東西，一不是從土地中產出來的，二不是從資本中產出來的；但是，土地和資本能使他們的所有者，變爲雇主資本家，榨取勞動者的剩餘價值，而各得其分潤。從勞動者方面着想，這種剩餘價值，即勞動者的剩餘勞動或無報酬勞動的結果，不管他的全部，是否入於雇主資本家的荷包，或雇主資本家是否以地租和利息的名義，把一部分給與第三者，都與勞動者本身，毫不相干。假使雇主資本家，單運用他自己的資本，並使用他自己的土地，那麼，剩餘價值的全部，當然是完全入於他的荷包，他人無從分潤了。

雇主資本家，無論把剩餘價值的何部分，收為己有，總之，直接是由勞動者剝削剩餘價值的人，仍是雇主資本家。所以現在的生產制度及工資制度全部，都是以雇主資本家相工資勞動者的關係為基礎而成立的。因此，參加討論這個問題的人，如果把雇主資本家與勞動者的基本關係，看做是次一點的問題，或把這種關係，輕輕的看過，那就是大錯特錯了。——但有些人，以為價格的騰貴，在某種情形之下，對於雇主資本家、地主、放款資本家、或徵收官吏等，有種種不平等的影響，這却是正當的主張。

由上述的情形推論，又可得一個結果。即，商品價值中，那單只代表原料機械等的價值，即消耗生產工具的價值的部分，並沒有構成一種收入。不過補足一種資本的損失。(註三)反之，構成收入的工資、利潤、地租、及利息等商品價值的他一部分，如果說是由工資價值、地租價值、及利潤價值等所構成的，那就是錯誤了。我們現在把工資一項丟開，只把產業利潤、利息、及地租等討論一下。上章所述商品內所包含的剩餘價值即商品價值中，無報酬勞動所實現的部分，是分為三種名稱不同的相異部分。如果說商品的價值，是由這三部分的獨立價值之和所組合或構成的，那就與眞理完全相反了。

※如果一時間的勞動價值等於六辨士，勞動者的勞動日，（一日的勞動時間）是十二時間；這個時間的一半，是無報酬勞動的時候，這種剩餘勞動，加在商品上的價值，即為三先令的剩餘價值——這種價值，即是沒有支付什麼代價的價值。這三先令的剩餘價值，是雇主資本家以任意的比例，和地主及放債資本家分配的總金額。又是所以構成他們彼此分配價值的限度。但是，雇主資本家，在商品的價值上，為自己的利潤計，任意附加一種價值，又為地主的利潤計，任意附加他一種價值；這樣任意附加的價值之和，不能說就是構成商品的全部價值。所以一般人的見解，把一定的價值，分為三部分，和因三種獨立的價值合計而

構成一定的價値相混同，祇是由價値總額劃出的地租、利潤、及利息等，轉化爲一種任意的大小，這是不對的。(註四)

(註三) 有人以爲勞動者所生產的商品價値，一切都可以分解爲工資，利潤，地租，及利息等種種收入，確是一種謬想。

(註四) 參照 Theorien über den Mehrwert Bd I, B. 3 E. S. 158 頁以下。

假若由資本家所獲得的全體利潤，爲一百磅，我們便稱這種數目的絕對的分量爲利潤總額(The amount of Profit) 但是，我們如果把這一百磅利潤，依出資的數目，以百分比率計算，我們就呼這種相對的分量爲利潤率這種利潤率，可以用兩種方法表現出來。(註五)

現在假定；爲工資而投下的資本是一百磅。如果造出來的剩餘價値，也是一百磅，——這是表示勞動日的一半時間，是無報酬勞動，——如果照爲工資而投下的資本的價値，來測定利潤；那麽，這種利潤率，就是百分之百了。因爲投下的價値，是一百磅，而獲得的價値，是二百磅。

反之，如果我們於考慮投下工資方面的資本之外，更考慮投下資本的總額，例如五百磅，——其中四百磅代表原料機械及其他的價値——我們可以說利潤率，不過是百分之二十，因爲百磅的利潤，就是投下資本全部的五分之一。

（註五）「資本論」中馬克斯所謂兩種的利潤率，第一爲剩餘價値率，第二卽專指利潤率。（據德文譯本的脚註）

最初表示利潤的方法，是告訴我們；有報酬勞動與無報酬勞動間的眞正比例，卽勞動掠奪的眞正比例。（掠奪二字法文爲 exploitation）第二個表示方法，卽是普通所用的，並且是與某種目的相合的。資本家若要隱藏榨取勞動者的無報酬勞動程度，以用這種方法，最爲便宜。

我以後研究各種問題，都是用利潤的名詞，來表示資本家榨取剩餘價值的全部。對於剩餘價值，究是分割爲若干部分，暫且丟開不管。我用利潤率這個名詞，是常常把投於工資方面的資本價值，來測定利潤。(註六)

(註六)　以下所說的利潤率就是指「資本論」中所說的剩餘價值率。

第十二章　利潤工資及價格的一般關係

我們從商品的價值中，減去補償商品上所消耗的原料，及其他生產工具的價值的價值，即減去商品內包含代表過去勞動的價值，其餘的價值，就是商品生產過程上最後雇傭的勞動者所加的勞動量。假若勞動者一日工作十二小時，且平均勞動千二小時的價值，等於六先令，那六先令的附加價價，即是勞動者所作出的唯一價值。根據勞動時間而決定的一定價值，是勞動者和資本家兩者間，各人所得分配的唯一泉源；即是分割工資與利潤的唯一價值。他們兩者間的分配，雖有變化，而這種價值的本身，還是沒有變化的；又或把勞動者一個，改做勞動者全體，及一勞動日，改做千二百萬勞動日，這一定價值的本身，也是沒有什麼變化的。

資本家與勞動者，因爲只分取這種有限的價值，即是根據勞動者的勞動量全部所測定的價值，所以一方分得多時，他一方必定分得少，這一方分得少時，那一方又必定分得多。無論在何種情形之下，物的分量，既是一定，這一部的減少，必定是那一部的增多，即這一部分是與那一部的減少，成反比例而增加。如果工資一有變動，利潤必定向反對方面發生變動。即工資低落時，利潤一定騰貴；反之，工資騰貴時，利潤一定低落。在前述假定之下，如果勞動者取得他生產出來的價值的一半，（即三先令，）資本家也只能取得三先令，換句話說：勞動者一日的勞動時間，一半是有報酬的勞動，一半是無報酬的勞動時，勞動者得一半價值，爲三先令，資本家得一半的價值，也是三先令，所以，利潤率是百分之百了。又如果勞動者僅得二先令，(即勞動者爲他自己勞動不過是一勞動日的三分之一)資本家就得四先令，而利潤率就是百分之二百了。又如果勞動者得四先令而資本家僅得二先令，資本家的利潤率，就低落了百分之三十三又三分之一。(註一)然一切的變動，對於商品的價值是絕對不發生影響的。所以工資一般的騰貴時，利潤即起一般的低落，然而對於商品的價值，仍是無絲毫影響。但是，商品的價值，——即最後決定商品市場價格的價值，——雖是單只根據固定于商品上的勞動量全部而決定，而且不是由這種勞動，分爲有報酬勞動和無報酬勞動的所能左右，但在十二時間內生產一個單位的商品，或一批商品的價值，並非無論什麼時候，都是不變的。在一定勞動時間內，或以一定的勞動量，生產的商品的數量，是依着雇用的勞動生產力如何而決定，並非依着勞動的廣或長(即範圍)而決定的。例如紡織勞動的生產力強時，一個十二時間的勞動日，可以生產十二磅的紗；生產力比較弱的時候，僅能够生產二磅的紗。現在假定十二時間平均勞動的價值，等於六先令，那末，在第一種情形，就是十二磅紗的價値，等於六先令，在第二種情形，卽是二磅紗的價値，也等於六先令。所以一磅紗的價値，在前者爲六辨士，（一先令等於十二辨士）在後者爲三先令。因此，我們可以知道：價格的差，是由勞動生產力的差異發生的。卽勞動生產力較大的時候，一時間的勞動，可生產一磅紗；勞動生產力較小的時候，六時間才能生產一磅紗。所以，一方，雖工資較高而利潤率較低，而一磅棉紗的價格，只是六辨士；他方，工資較低而利潤率較高，而一磅棉紗的價格，反是三先令了。這是什麼緣故呢？因爲棉紗一磅的價値，因依着紗上所消耗的勞動總量而決定，並非依着這勞動總量分爲有報酬勞動和無報酬勞動的比例而決定的。因此，我從前所說價格高的勞動，可以生產低廉的商品，而價格低的勞動，反可以產生高價的商品，這種事實，到了現在，自然明白了。我以上的說明，不過是以下這種一般的法則：卽「一切商品的價値，是因消耗在商品上的勞動量而決定，而消耗在商品上的勞動量，又是因勞動生產力的強弱而決定，所以又是跟着勞動生產力的一切變動而發生變動的。」

（註二）此處所說百分之三十三又三分之一這個數目，似有錯誤，應該是百分之五十。參照英國社會勞動黨發行的原本及德國譯本的腳註。

第十三章 勞動者運動增加工資或反抗減少工資的重要事例

我們現在對於勞動者運動增加工資或反抗減少工資的重要事例，愼重的考究一下。

第一、勞動力的價值，通俗又稱爲勞動的價值，是因生活必要品價值，或因生產必要品所要的勞動量，而決定的。我們前巳說明了。例如某一國的勞動者每日平均所需必要品的價值是三先令，（這三先令，就是代表他每日間六時間勞動的價值）那麼勞動者因要生產他每日等價的生活資料，每日必須勞動六小時。如果勞動者一日的勞動時間，爲十二小時，則資本家只要支付勞動者三先令，就可做爲支付他一日的勞動價值。於是，勞動者一日的勞動時間只有一半是有報酬的勞動，其餘一半，就變爲無報酬的勞動，同時資本家所得的利潤率，即上昇到百分之百了。但是，生產力減退後，即產生同量農產物，也比較要多量的勞動：今假定勞動者每日平均所需必要品的價格，從三先令漲到四先令，勞動的價值即騰貴三分之一（即百分之三十三又三分之一）。這時候，勞動者依照以前的生活標準，欲生產他們每日生活必要品的價值時，必須在每勞動日內勞動八時間。因此，剩餘勞動即由六時間減至四時間，利潤率，即由百分之百，低落到百分之五十了。但是，勞動者要求工資增加，不過是主張要取得他勞動所增加的價值，正和一切販賣商品的人，因商品上增加費用，欲收回他所增加的價值，同一用意。如果工資沒有騰貴，或縱然騰貴，也不過抵償必要品上增加的價值，那末勞動的價格，必定低落到勞動價值以下，而勞動者的生活標準，也必定同時退化。

但是，有時在和上述反對方面也可以發生變化，因勞動生產力增高，勞動者每日平均必要品的同量價値，也從三先令低落到二先令；又再生產和勞動者每日所需必要品等價的價値時，從前要於一勞動日中，花費六時間，現在只要四時間，就够了。這時候，勞動者從前要三先令買得的生活必要品，現在只要二先令，就可買得。實際上勞動的價値雖然低落，但把這低落了的價値也可買得和以前同量的商品。由此，利潤從三先令漲到四先令，利潤率即由百分之百，漲到百分之二百。勞動者絕對的生活標準，雖和以前同樣，但他的相對的工資（註一）及在社會上相對的地位和資本家相比較，仍舊低落多了。如果勞動者反抗這相對工資的減少，那末這不過是對於勞動生產力的增加，想取得相當代價，或維持他在社會上從前的相對地位罷了。所以英國的工廠主，於穀物條例（由外國輸入本國的穀物抽收關稅的法律）廢止後，把運動廢止穀物條例當時所嚴定的約束完全破棄，並且把一般的工資，減少了百分之十。而勞動者的反抗，起初沒有奏效（註二）。我現在也不能詳述這些經過，其後，以種種事情的結果，又把這減少的百分之十，從新恢復了。

(註一)　所謂相對的工資，是對於資本家的利潤的關係上所觀察的工資。即對於生產物總額的工資分配。參照「資本論」第一卷，第四篇「相對的剩餘價值的生產」一章及「工資勞動與資本」(本叢書第四種)

(註二)　一八四六年至一八四七年，是事業極端停滯的期間。

第二　必要品的價值及勞動的價值雖然仍和從前相同，但因貨幣價值先發生一種變化，所以必要品的貨幣價格也可以發生變化。

例如，因豐富的鑛山的發見及其他結果，在從前生產金一溫司(Ounce)的勞動，現在可以產生二溫司。因此，金的價值，減少了二分之一，或百分之五十。而一切商品的價值，也比從前增加了一倍，即是要二倍于從前的貨幣價格才能表現出來，勞動的價值也和其他商品相同。從前十二時間的勞動價值，是六先令。到了現在，就是十二先令了。如果勞動者的工資，不增加至六先令，依舊是三先令，他的勞動的貨幣價格不過是從前勞動價值之半，而他的生活標準，一定會大大退化的。縱然勞動者的工資稍有騰貴，如果不是和金的價值低落成比例的騰貴，這種現象也多少會發生的。在這種情形之下，並非勞動的生產力，需要及供給或價值等上面發生了什麼變化，不過這些價值的貨幣名目上發生了變化罷了。在這時候，如果說：勞動者不應該主張工資照比例的騰貴，那就是說他不可注重物質，而必須滿足名目的報酬了。徵諸一切過去歷史上的證明，無論何時，凡貨幣價值的低減，資本家必定細心注意的利用這種好機會，來欺騙勞動者，據多數經濟學者的證明：新發見金鑛地方，或改良銀鑛作業，或以廉價供給水銀等的結果，都可以使貴金屬的價值，再為低落。歐洲大陸諸國，所以一般的而且同時的發生增加工資的計劃，可以由這件事，說明出來。

第三　從前我們假定：勞動日(一日的勞動時間)有一定的限度。但勞動日本身，却沒有不變化的限度。在資本家方面的理想，只要有生理上的可能，縱極端的延長勞動日，也是歡迎的。因為，剩餘勞動及由剩餘勞動生出的利潤，是以同一的程度增加的、資本家方面，把勞動日愈延長，他得勞動者的勞動量，必愈大自十七世紀至十八世紀，最初三分之二的期間，英國全體，都是以十小時的勞動日，爲通常的勞動日。當反雅各賓戰爭 (The Anti-Jaeobin wor) 之際，——事實上這是英國貴族對于英國勞動者團體的一種戰爭，——資本家慶祝自己的勝利，把勞動日，從十時間延長到十四時間，乃至十八時間。馬爾薩斯 (Malthus) 本不是一個情感最深的人，但他於一八一五年，曾著一本小冊子 (Pamphlet) 說：「這種狀態，如果再繼續下去，將來國民生命的根基，必定從此斬斷。」新發明的機械，還沒有一般的應用前數年，大概是一七六五年，有一個匿名氏的著者，用「實業論」的題目，在英國公布一種小冊子，力言勞動日之限度，有延長的必要，——他居然自稱爲勞動階級的公敵——他爲達目的，所擇手段中，主張設立「工作廠」(Working house) 他說這種工作廠，又可稱爲「恐怖院」(Houes of terror) 他規定這個「恐怖院」的每日勞動時間，爲十二小時。正和那班資本家經濟學者，及各部大臣等所規定的現行勞動時間相同；甚至規定十二歲以下的幼年工人，也須工作十二小時。

勞動者賣勞動力給資本家，所以把勞動力的消耗，讓給資本家。在現行制度之下，雖是無可如何的事，但也得要在一定合理限度以內。我們要知道勞動者的出賣勞動力，除自然的消耗外，他是欲維持他的勞動力，不是欲破壞他的勞動力。他把他的勞動力的價值，一日或一星期的出賣時，只可以消耗他一日或一星期的勞動力，不能消耗他二日或二星期的勞動力（註三）。例如有一架價值一千磅的機械，如果只能使用十年的期間，那麼，他每年所幫助生產商品的價值上，應該附加一百磅的價值。如果他只能使用五年的期間，那麼，他每年所幫助生產商品的價值上，應該附加二百磅的價值。換句話說：機械每年消耗的價值，與他消費的速度，成反比例。這一點，正是勞動者和機械不同的地方。機械的使用，和他的消耗，不一定是在同一的比例。人類正與此相反；他的衰朽，在比例上，比從工作的數字上看起來，還要大得多。

（註三）　參看「資本論」第一卷，第三篇，第八章，第一節。

勞動者希望把勞動日縮短到從前合理的範圍，或他們不能強迫規定正當勞動日的時候，他們即企圖增加工資，——這種的工資增加，不但是以被掠奪的剩餘價值爲比例，且要以比這種價值更大的做比例，——以防止過度的勞動。他們這種企圖，也不過是對於他們自己或他們的種族履行一種義務，並且僅僅是對於資本家無限的欲壑，設一種制限罷了。

時間，本是人類發達的根源。一個人如果沒有處理一切的自由時間，那麼，他的一生，除飮食，睡眠，及其他生理上的必要有所間斷外，必定完全爲資本家勞動而犧牲，連那行遠載重的牛馬，都不如了。他不過是一架替別人生產財富的機械，不獨身體傷壞，卽心思也已獸化了。據近代產業史上所載：如果資本的發展，沒有相當的制限，則可以使勞動階級全體，陷于極端的退化狀態。

資本家延長勞動日，一面支付較高的工資他方仍可減少勞動的價值他所增加的工資，總不能比他掠奪的勞動價值更大所以勞動力比較的易於衰落也是這個原因。這種事情，用別的方法也可表現出來的。例如，有產階級的統計上所載蘭卡邑(Lancashire)的職工家族的平均工資業已騰貴。但以下的事實，不可忘却。卽實際上，從前單只家長(男子)從事勞動，到了現在，他的妻及三四個小孩子，恐怕全數投於資本家查于那特(Juggernant)車論(註四)之下；而所謂騰貴的工資總額，還不能抵償資本家由他一家所掠奪剩餘勞動總額的價值，

(註四)　印度神話中所載柯里宿那(Krishna)(印度的神靈俗說是 Vishnn 神的化身)偶像，每年把這個偶像，安置于很大的車上，將車拖運排隊遊行，多數信徒，以被這車轢斃爲光榮，信爲魂歸樂土，甚至有自投車下的人。

勞動者的勞動日，縱令設立一定制限，——現在適用工廠法的各種產業，均設有此種

制限，——若欲單只維持原來勞動價值的標準，那工資的增加，還是必要的事情。因爲勞動強度(Intensity)(註五)增加後，一個人從前在二時間內所消費的精力，和現在一時間內所消費的是同樣。在現代工廠法之下的事業中，因機械運轉速度之增加，和一人擔任監督工作機械數目的增加，當然能夠實現上述的事實。如果勞動的強度，換句話說：一時間內消耗勞動量的增加，和一日勞動時間的縮短，能夠保持正當比例，勞動者還可獲得相當利益。如果超過這種制度，則勞動者一方面所獲得的、又爲他方面所剝奪。所以十時間的勞動，和以前十二時間的勞動，都是同樣有害的。勞動者努力於工資的增加，使工資和勞動的強度符合，而限制資本的發展；但這不過是反對勞動的退化和他們種族的墮落罷了。

(註五) 勞動生產力的增加，和勞動能率的增加，特明白區別如下：勞動生產力的增加，是以同量的勞動，生產比較多量的生產物，因此，一個單位的生產物中、所含的勞動量，比普通一個單位的生產物中，所含的勞動量爲少；同時，他的價值，也要減少。反之，勞動率的增加，是在一定時間內產生比較多量的勞動。因此，在同一時間內所生產的生產物分量雖有增加，而一個單位的生產物中所含的勞動量，仍是不發生變化。參照「資本論」第一卷，第四篇第十三章，第三節。

第四　你們都知道；資本家的生產，從我現在省略了說明的各種原因看來，是經過一定定期的循環而進行的。換句話說，就是在生產過程中經平靜，遞增的趨勢，暢旺，事業過剩恐慌，及停滯等，種種狀態而進行的。各種商品的市場價格，及利潤的市場率，跟着這些情形，或低落于他們的平均點下，或上騰到他們的平均點上。假若你們考察經濟變動的全時期，你們就會發見；市場價格的一方的歪曲，由他方的歪曲補正；再則把全期間的價格變動平均計算，那各商品的市場價格，是由商品的價值決定的。在市場價格下落時期，及恐慌和停滯時期中，縱然勞動者不全然失業，但他們的工資，一定會下落的。如果勞動者不甘心受這種欺騙，雖在這種市場價格下落期間，他們一定會向資本家抗爭。工資應該減少到什麼程度。勞動者在資本家能够得到超過利潤的暢旺時期，如果不要求增加工資，我們產業循環的一週期平均起來，他連他的平均工資——即勞動的價值——都一定不能够得到。在產業循環期的衰歇時期，勞動者的工資，不用說是減少了的，但在暢旺時期，應該要求增加工資，都不去要求，以補償損失，這是愚蠢已極了。一般的說來，一切商品的價值要依商品不斷變化的市場價格的高低來相抵，才能够實現出來。而這種市場價格，不用說，是由需要供給的不斷的變化而發生的。在現在制度基礎之下，勞動和他種商品相同，也不過是一種商品。所以勞動也須經過同一的波動，才能達到和他的價值相等的平均價格。如果一方面把勞動看做是一種商品，他方面不許他適用規定商品價格的法則，豈不是荒謬絕倫嗎？奴隸的生活資料，到是永久安定，而工資勞動者則不能。工資勞動者，若要補償一期間的工資減少，就非在他期間，努力于工資的增加不可。如果勞動者甘心承認資本家的意志及指揮，爲一種永久的經濟法則，他就不唯不能享受奴隸的安定生活，簡直是和奴隸平分一切貧窮了。

以上我收羅對于增加工資的一切意見，大概完全了。你們要知道：增加工資的要求，是由末增加以前的變化而來的。所謂各種先行變化，卽是生產量，勞動的生產力，勞動的價值，貨幣的價值，被榨取勞動的範圍或強度，市場價格的動搖——因需要供給的變化，及產業循環期中的盛衰期而動搖的，——等的必然的產物，簡單的說：這種增加工資的要求，就是勞動對于資本的先行動作的反動了。你們如果丟掉這些先行變化，去討論增加工資的鬥爭，又只考究工資的變動，而忘卻這變動所由來的他種變動，這就是和因爲要達到錯誤的結論，而從錯誤的前提出發，同一愚行了。

第十四章　資本和勞動的鬥爭及其結果

第一　勞動者常常反對減少工資，及想獲得增加工資的計畫等，是和工資制度，不能分離的；因爲勞動既然和商品相同，他就應該受規定價格一般變動的法則所支配；再則，工資一般的騰貴，卽惹起一般利潤率的下落，但對于諸商品的平均價格或價值，沒有什麼影響；這些事情，我都已說明過了。最後的問題，就是資本和勞動不斷的鬥爭時，勞動能够成功到什麼程度？

我可以用一般的話來答復這個問題。勞動和其他一切商品相同，他的市場價格在長期間內，終久要適應他的價值。所以無論那市場價格是否高低，無論勞動者怎樣行動，他所得的，平均計算起來，只是他的勞動的價值；這種勞動的價值，卽是他的勞動力的價值；而這種勞動力的價值，又是因維持他及再生產他所要的必要品的價值而決定；而這些必要品的價值，又畢竟是由生產這些必要品的勞動量而決定的。

但是，勞動力的價值或勞動的價值有幾個特徵，和其他一切商品的價值區別。勞動力的價值由兩種要素構成：一種是生理的要素；一種是歷史的或社會的要素。但勞動力的價値的最終限度是由生理的要素決定的。換句話說勞動階級若要維持自己而且再生產自己，使永續他的生理的存在，那就非取得生存和繁殖上絕對不可少的必要品不可。所以這些不可少的必要品的價値，就構成勞動價値的最終限度。他方，勞動日（一日的勞動時間）的範圍（長度），也是由最終的而且富于屈伸性的限界而制限的。這最終的限度，由勞動者生理的力而規定。如果他的生命力每月的消耗超過一定的限度，他就不能每日如常反覆的發揮他了。但這種限度，很富于屈伸性，前已說過。不健康而且短命的一代，如果繼續繁殖得快，也可和元氣而且長命的一代相同，能夠維持勞動市場的現狀。

除了這種生理的要素外，勞動價値，無論在何國，都是由傳統的生活標準（註一）決定的。這生活標準，不是簡單的生理生活（即維持生命）實是從各種社會條件——誰人都是在這條件之下成長的，——發生的一定慾望的滿足。但這並非生存上絕對的必要要素。所以英格蘭的生活標準，或可低落到愛爾蘭的生活標準；德意志農民的生活標準，或可低落到里窩尼亞(Livonia)農民的生活標準。你們如果讀了呑𠸄(Thornton 1812—1906)的「人口過剩論」就會知道：這種歷史的傳統和社會的習慣，和生活標準，有重大的關係了。呑氏在該論文中指示：英格蘭各種農業地方的平均工資，到今日還有高低的差別，即脫離農奴狀態當時情形好的地方，工資就可增加，否則工資只有低減。

(註一)　這是以後所說的「歷史的或社會的要素」

勞動價值裏面，這種歷史的或社會的要素，可以擴張，可以縮小，又可以除了生理的限度外消滅殆盡。反雅各賓戰爭的時候，——據那位執迷不悟尸位素餐者佐治洛茲(Gerge Rose)老先生說：這戰爭是從法國異教徒的侵害，救出我們神聖宗教的慰安而起的，——我在前章，曾表示十二分敬意的英國善良農業經營者，把農業勞動者的工資，削減到生理上最小限度以下，然後用「救貧法」去補他們的不足，使他們的種族繼續繁殖，這種處置，是使工資勞動者變爲奴隸，而且使莎士比亞所描寫的高傲的小農變爲被救恤者的不二法門。

假若你們比較各國的標準工資，或勞動價值，又或比較一國內各種相異的歷史時代，你們就會發見勞動價值的本身，——雖假定其他一切商品的價值是不變的，——不是固定的，實是可以變化的量。

這種同樣的比較，又可以證明：不僅利潤的市塲率是變動的，卽利潤的平均率也是變動的。

但是，就「利潤」方面說來，並沒有決定利潤最低限度的法則，我們也不能夠說利潤低下的最終限度是什麼？我們爲什麼不能夠確定利潤的限度呢？因爲我們雖能確定工資的最低限度，卻不能確定他的最高限度。我們能夠說的是：(一)如果勞動日（一日的勞動時間）的限度，有了一定，利潤的最高限度就會和工資的生理最低限度（卽勞動者生活最低限度）一致；(二)又如果工資有了一定，利潤的最高限度就會和那種與勞動者體力相容的勞動日(一日的勞動時間)的延長一致。所以利潤的最高限度，是依工資的生理最低限度，及勞動日生理的最高限度制限的。在這利潤率的最高限度的兩個限度間，可以有變動廣大的等差，自不用說。但利潤率實際上的限度，只是由資本和勞動間不斷的鬥爭而決定的。換句話說：資本家在一方面不斷的努力，把工資減少到他生理的最低限度以下，或把勞動日延長到他生理的最高限度；反之，勞動者在他方面努力和資本家對抗。

因此，鬥爭者間的實力如何，就可以決定一切情形了。

第二　現在且把勞動日(一日的勞動時間)的制限，研究一番。英國勞動日的制限和其他各國相同，如果沒有立法的干涉，到底不能決定。又如果沒有勞動者繼續的從外面壓迫，又是絕對不能實現的。總之，這種結果，決非勞動者和資本家間的私人的協定所能得到。這種一般政治活動之所以必要，正因爲資本家在純粹經濟活動上，比勞動者的勢力，大得多的緣故。

又把勞動價值的限度研究一番。決定勞動價值的限度，實際上，是由于需要和供給的關係。此處所謂需要，是指資本家方面的勞動需要。所謂供給，是指勸勞者方面的勞動供給。在殖民地的國家，需要供給的法則，有利于勞動者。所以美國的標準工資，比較的高貴。資本雖可以在美國充分的發展，但對於因工資勞動者不斷的轉變爲獨立農民，而發生勞動市場的供給不足，到沒有什麼具體的力量去妨礙他。在大多數的美國人眼中看來，工資勞動者的地位，不過是一種學徒的狀態，他們遲早總會脫離這種狀態，而變成中產階級的。美國的母國，——英國，——因爲要改良這種殖民地的狀態，暫時採用近代的殖民政策，把殖民地的物價，特意的抬高去，防止工資勞動者急速的轉變獨立農。（註二）

（註二）　參照「資本論」第一卷最後章「近世殖民論」

如今再把資本支配生產全過程的舊文明諸國考察一番。例如一八四九年至一八五九年間英國農業工資騰貴，其結果是什麼樣呢？——農業經營者，——我的朋友威斯敦君，也許勸誘他們這樣的做去——既不能抬高小麥的價値又不能增加小麥的市場價格反束手無策的，任他的市場價格下落。但是在這十一年間他們應用各種機械，採用合于科學的方法，把一部分耕地轉換爲牧場，增加農地的面積，而擴張生產的規模，等等；因以上各種方法及其他經營，那勞動的生產力，因此增加，所以對于勞動的需要，就漸次減少，而農業上的人口，就漸次呈比較的過剩狀態了。這就是資本對于工資騰貴發生反動時，各舊國早晚所實行的一般政策。李嘉圖（Rieardo）曾指點說：「機械和勞動，常立于不絕的競爭地位。縱或發明了某種種機械，而這機械，要勞動價格達到一定高度以後，才能採用，」但是，機械的應用，不過是增加勞動生產力的許多方法中的一種罷了。再則，使勞動者的供給過剩，就是使他的熟練勞動，化爲簡單，並且使他的價値低減。

同一的法則，又可以用別種方法表現。勞動的生產力愈加發達，資本的蓄積也愈加迅速；雖工資率比較騰貴，也不能阻止這種傾向。于是就有人說：——正和亞丹斯密在那產業尙幼稚時代的推論一樣，——「資本這樣的加速度的蓄積，可以保障對于勞動者勞動需要的增加，結局是有利于勞動者。」又在今日，有許多人從同一的觀察點考究，覺得過去二十年間，英國的資本增加比他的人口增加，不知多幾倍，然而工資却沒有這麽樣的騰貴，奇怪不過。

其實，這種現象，並不足奇。因爲資本蓄積的進行中，那資本的構成上同時起一種遞增的變化。資本的全部裏面，固定資本——如機械原料，及其他各種生產手段，——和購買勞動所用的（工資）資本一比，他的數目，總是逐漸遞增的。這種法則，已經由巴吞（Barton）李嘉圖，西思蒙第（Simondi）瓊斯教授（Professer P. Jones）來木賽（Ramsey）教授，祉耳步雷（Cherbuliez）及其他學者，正確的——雖有多少差異，——敘述出來了。

如今假定資本的這兩種要素（固定資本及流通資本）本來的比例，是一對一。但跟着產業的進步，他的比例，就變爲五對一，或其他的數目。又假定總資本六百元內，把三百元以爲購買勞動工具，原料，及其他物品，把三百元支付工資，如果想把三百勞動者，增加到六百，只須把總資本，增加一倍就够了。但是總資本六百元內，有五百元是投于機械，原料，及其他物品，只有一百元支付工資。如果想把三百勞動者，增加到六百，那就非得把總資本，從六百元增加到三千六百元不可了。所以在產業進步中，勞動需要，決不能和資本的蓄積並駕齊驅。勞動的需要，雖有增加，但和資本的增加比，就不過是在遞減的數字上的增加罷了。(註三)

(註三)　參照「資本論」第一卷第七篇第二十三章

以上的幾點，可以充分的說明以下各種事實：(一)近代產業發達的趨勢，漸次傾向有利于資本家，而不利于勞動者方面；(二)其結果，資本家的生產，不唯不能提高工資的平均標準率，反可使他低下，並且把勞動價值拉下到他的最低限度。但是在這種制度內的情形，雖然是如上述的傾向，但這並非表示勞動者必須斷念他們對于資本掠奪的鬥爭，並且必須棄却利用不時的機會去改善他們一時生活的企圖。他們如果這樣的做，一定會墮落到和劣敗者同樣的羣衆隊裏去。我想我已經說明過。以下各種事實了卽（一），勞動者對于工資標準的鬥爭，是和全工資制度不能分離的附屬事件；（二）他們企圖工資增加的努力，百回中有九十九回，是爲了維持他們的勞動價值；及（三），他們關于勞動的價格，所以必須和資本家鬥爭，正因爲他們是在把自己當做商品賣給資本家的固有狀態。他們在和資本家日常的鬥爭，如果畏縮不前，他們就一定沒有資格去做更大的運動了。

但是，同時，除了工資制度內所含的一般隸屬狀況不計外，勞動階級切不可自矜那些日常鬥爭最後的效果。他們切莫忘却：他們是爲結果而鬥爭，不是爲結果的原因而鬥爭；他們只是阻止一種向下的運動，不是變更這運動的方向；他們只用一種姑息手段來治病症，不用根本療法去醫病源。所以他們切莫把自己的精力，只專用在這些不可避免的小戰鬥上面，——這些小戰鬥，是由資本家不知厭足的掠奪及市塲的變動不斷發生的。他們必須理解：現代的制度，把一切貧窮都加于他們身上，同時又醞釀了社會經濟改造上必要的物資條件及社會形態。他們應該廢止那種保守的格言：「對于正當工作的正當工資！」必須打着革命的旗號，高喊「廢止工資制度！」

我因爲要把現在的問題，公平討論，所以不得已，說了許多深奥的話。我想你們必定聽得不高興了。如今解說完了，我且把以下的斷案說了，作個結論罷：

第一　工資率的一般騰貴，就會惹起一般利潤率的下落；但廣泛的說來，對于商品的價格，不發生什麼影響；

等二　資本家生產的一般傾向，不是提高工資的平均標準，却是低下工資的平均標準；

第三　勞動組合，是對抗資本掠奪的有效結合；他們因爲不善運用他們的力，所以部分的失敗了；但是，他們如果單只爲對于現在制度的結果而實行小戰鬥（註四），同時如果不努力于變更現存制度，再則如果不把他們的組織力去，幫助勞動階級的最後解放，（卽廢止工資制度，）那末他們一定會全部失敗的。

（註四）卽「如果不把現在制度的資本主義，實行打破，而反企圖和從這制度所生的結果實行小戰鬥，……」的意味。

一，七，七，十二，下午。

中華民國十八年四月初版

馬克斯

工資價格及利潤

原著者　馬克斯
翻譯者　朱應祺　朱應會
發行者　趙南公
印刷者　上海泰東圖書局　上海大連灣路五十號
總發行所　泰東圖書局　上海四馬路中市
分售處　各省各大書局

印數 1——2000

定價　大洋五角　外埠函購郵費加一